HISTOIRE
DE MA VIE

L'auteur et l'éditeur de cet ouvrage se réservent le droit de le traduire ou de le faire traduire en toutes les langues. Ils poursuivront, en vertu des lois, décrets et traités internationaux, toutes contrefaçons ou toutes traductions faites au mépris de leurs droits.

PARIS. — TYPOGRAPHIE DE HENRI PLON
8, rue Garancière.

HISTOIRE DE MA VIE

PAR

GEORGE SAND

> Charité envers les autres;
> Dignité envers soi-même;
> Sincérité devant Dieu.

Telle est l'épigraphe du livre que j'entreprends.
15 *avril* 1847.
GEORGE SAND.

TOME CINQUIÈME

L'auteur et l'éditeur se réservent le droit de traduction en toutes langues

PARIS

MICHEL LÉVY FRÈRES, LIBRAIRES-ÉDITEURS

RUE VIVIENNE, 2 *bis*

1856

HISTOIRE DE MA VIE

TROISIÈME PARTIE

CHAPITRE PREMIER

Voyage à Paris. — La grande berline. — La Sologne. — La forêt d'Orléans et les pendus. — L'appartement de ma grand'mère à Paris. — Mes promenades avec ma mère. — La coiffure à la chinoise. — Ma sœur. — Premier chagrin violent. — La poupée noire. — Maladie et vision dans le délire.

Nous partîmes pour Paris au commencement, je crois, de l'hiver de 1810 à 1811, car Napoléon était entré en vainqueur à Vienne, et il avait épousé Marie-Louise pendant mon premier séjour à Nohant. Je me rappelle les deux endroits du jardin où j'entendis ces deux nouvelles occuper ma famille. Je dis adieu à Ursule; la pauvre enfant était désolée, mais je devais la retrouver au retour, et d'ailleurs j'étais si heureuse d'aller voir ma mère que j'étais presque insensible à tout le reste. J'avais fait la première expérience d'une séparation, et je commençais à avoir la notion du temps. J'avais compté les jours et les heures qui s'étaient écoulés pour moi loin de l'unique objet de mon amour. J'aimais Hippolyte aussi malgré ses taquineries. Lui aussi pleurait de rester seul pour la première fois dans cette grande maison. Je le plaignais, j'aurais voulu qu'on l'emmenât; mais en somme je n'avais de larmes pour personne, je n'avais que ma mère en tête; et ma grand'mère, qui passait sa vie à m'étudier, disait tout bas à Deschartres (les enfants entendent tout) : « Cette petite n'est pas si sensible que je l'aurais cru. »

On mettait dans ce temps-là trois grandes journées pour aller à Paris, quelquefois quatre. Et pourtant ma grand'mère voyageait en poste. Mais elle ne pouvait passer la nuit en voiture, et quand elle avait fait dans sa grande berline vingt-cinq lieues par jour, elle était brisée. Cette voiture de voyage était une véritable maison roulante. On sait de combien de paquets, de détails et de commodités de tout genre les vieilles gens, et surtout les personnes raffinées, se chargeaient et s'incommodaient en voyage. Les innombrables poches de ce véhicule étaient remplies de provisions de bouche, de friandises, de parfums, de jeux de cartes, de livres, d'itinéraires, d'argent, que sais-je? on eût dit que nous nous embarquions pour un mois. Ma grand'-mère et sa femme de chambre, empaquetées de couvre-pieds et d'oreillers, étaient étendues au fond; j'occupais la banquette de devant, et quoique j'y eusse toutes mes aises, j'avais bien de la peine à contenir ma pétulance dans un si petit espace et à ne pas donner de coups de pied à mon vis-à-vis. J'étais devenue très-turbulente dans la vie de Nohant, aussi commençais-je à jouir d'une santé parfaite; mais je ne devais pas tarder à me sentir moins vivante et plus souffreteuse dans l'air de Paris, qui m'a toujours été contraire.

Le voyage ne m'ennuya pourtant pas. C'était la première fois que je n'étais pas accablée par le sommeil, que le roulement des voitures provoque dans la première enfance, et cette succession d'objets nouveaux tenait mes yeux ouverts et mon esprit tendu.

Il n'y a pourtant rien de plus triste et de plus maussade que le trajet de Châteauroux à Orléans. Il faut traverser toute la Sologne, pays aride, sans grandeur et sans poésie. Eugène Sue nous a pourtant vanté les beautés incultes et les grâces sauvages de cette partie de la France. Il est sincère dans son admiration, car je l'ai entendu en parler comme il en a écrit. Mais, soit que les parties de pays qu'on

découvre de la route soient particulièrement laides, soit qu'un pays absolument plat me soit naturellement antipathique, la Sologne, que j'ai traversée cent fois peut-être, à toutes les heures du jour et de la nuit, et dans toutes les saisons de l'année, m'a toujours paru mortellement maussade et vulgaire. La végétation sauvage y est aussi pauvre que les produits de la culture. Les bois de pins qui commencent à s'élever sont trop jeunes pour avoir du caractère. Ce sont des flaques de vert criard sur un sol incolore. La terre est pâle, les bruyères, l'écorce des arbres rabougris, les buissons, les animaux, les habitants surtout, sont pâles, livides même ; malheureux et vaste pays qui se dessèche, insalubre, dans une sorte de marasme moral et physique de l'homme et de la nature.

Les poëtes et les peintres se moquent de cela en général, et triomphent dans cette désolation, qui, en de certaines contrées, leur fournit des tableaux et des solitudes enchantées. J'avoue qu'il est de ces solitudes si belles qu'il faut se rappeler la misère de ceux qui y végètent et qui pourraient y vivre, pour souhaiter que la civilisation et la culture viennent en détruire la poésie. Mais ce n'est pas en Sologne que j'ai jamais pu être tentée par cette mauvaise pensée. Il y a des landes magnifiques dans la Creuse, vastes terrains ondulés, riches de plantes sauvages, semés de flaques d'eau limpide et de bouquets d'arbres séculaires. Mais la Sologne n'a rien de pareil, du moins dans le rayon que mon œil a embrassé tant de fois sur une étendue de vingt lieues. Tout y est petit et fade, excepté l'horizon vaste, et le ciel, contrée toujours belle et vivante.

Mais cette différence entre la Sologne et les autres pays incultes que j'ai vus prouve bien quelque chose. La nature ne s'abjure jamais quand elle est féconde, et puisque les déserts de la Creuse ont de si beaux arbres, de si belles bruyères, et nourrissent un si beau bétail, il est bien certain que le sol est excellent et produirait de grandes richesses avec fort peu de dépenses, tandis que la Sologne aura besoin de temps et de frais considérables avant d'être un pays de rapport secondaire. La Brenne, moins fertile que la Creuse, est pourtant très-supérieure à la Sologne : et que les agriculteurs ne s'y trompent pas, les peintres et les poëtes voient assez bien. Quand la nature leur parle, là où ils ne voient que de la couleur et de la beauté extérieure, il y a quelque chose de plus, il y a de la fécondité et de la vie au sein de la terre. Cette fécondité se révèle par des plantes parasites, par un luxe inutile, comme une nature généreuse dans l'humanité se révèle par des erreurs lorsqu'elle est privée de direction. Mais, dans les petits esprits, le vice même est mesquin, comme, dans la Sologne, la fougère et le chardon même sont malades.

Tout ceci soit dit pourtant sans vouloir donner un démenti à Eugène Sue, qui doit connaître, dans la Sologne, une autre Sologne que celle que j'ai parcourue.

Traverser la forêt d'Orléans n'est plus rien. Dans mon enfance, c'était encore quelque chose d'imposant et de redoutable. Les grands arbres ombrageaient encore la route durant un parcours de deux heures, et les voitures y étaient souvent arrêtées par les brigands, accessoires obligés de toutes les émotions d'un voyage. Il fallait hâter les postillons pour y arriver avant la nuit; mais, quelque diligence que nous fîmes, nous nous y trouvâmes en pleine nuit, à ce premier voyage avec ma grand'-mère. Elle n'était point du tout peureuse, et quand elle avait accompli tout ce que la prudence commandait, si ses précautions étaient déjouées par quelque circonstance imprévue, elle en prenait admirablement son parti. La femme de chambre n'était pas aussi calme, mais elle se gardait bien d'en rien laisser paraître, et elles s'entretenaient toutes les deux du sujet de leurs appréhensions avec beaucoup de philosophie. Je ne sais pourquoi les brigands ne me faisaient aucune peur; mais je fus saisie tout à coup d'une terreur affreuse, lorsque j'entendis ma grand'mère dire à mademoiselle Julie : « A présent, les attaques de voleurs ne sont pas très-fréquentes ici, et la forêt est très-élaguée aux bords de la route, en comparaison de ce que c'était avant la révolution. Il y avait un fourré épais et fort peu de fossés, de sorte que l'on était attaqué sans savoir par qui et sans avoir le temps de se mettre en défense. J'ai eu le bonheur de ne l'être jamais dans mes voyages à Châteauroux, et pourtant M. Dupin était toujours armé en guerre, ainsi que tous ses domestiques, pour traverser ce coupegorge. Les vols et les meurtres étaient très-fréquents, et on avait une singulière façon de les compter et de les signaler aux voyageurs. Quand les brigands étaient pris, jugés et condamnés, on les pendait aux arbres de la route, à l'endroit même où ils avaient commis le crime : si bien qu'on voyait ici de chaque côté du chemin, et à des distances très-rapprochées, des cadavres accrochés aux branches et que le vent balançait sur votre tête. Quand on faisait souvent la route, on connaissait tous les pendus, et chaque année on pouvait compter les nouveaux, ce qui prouve que l'exemple ne servait pas à grand'chose. Je me souviens d'y avoir vu, un hiver, une grande femme qui est restée entière fort longtemps, et dont les longs cheveux noirs flottaient au vent, tandis que les corbeaux volaient tout autour pour se disputer sa chair. C'était un spectacle affreux et une infection qui vous suivait jusqu'aux portes de la ville. »

Ma grand'mère croyait peut-être que je dormais

pendant ce lugubre récit. J'étais muette d'horreur et une sueur froide parcourait mes membres. C'était la première fois que je me faisais de la mort une image effrayante; car cela n'était pas dans mes instincts, comme on a pu le voir, et, pour mon compte, je ne me suis jamais préoccupée de la forme qu'elle pourrait prendre en me venant chercher. Mais ces pendus, ces arbres, ces corbeaux, ces cheveux noirs, tout cela fit passer dans mon cerveau de si horribles images que les dents me claquaient de peur. Je ne songeais pas le moins du monde au danger d'être attaquée ou tuée dans cette forêt; mais je voyais les pendus flotter aux branches des vieux chênes, et je me les représentais sous des traits effroyables. Cette terreur m'est restée bien longtemps, et toutes les fois que nous traversions la forêt, jusqu'à l'âge de quinze ou seize ans, elle m'est revenue aussi vive et aussi douloureuse. Tant il est vrai que les émotions de la réalité ne sont rien en comparaison de celles que l'imagination nous représente.

Nous arrivâmes à Paris, rue Neuve-des-Mathurins, dans un joli appartement qui donnait sur les vastes jardins situés de l'autre côté de la rue, et que de nos fenêtres nous découvrions en entier. L'appartement de ma grand'mère était meublé comme avant la révolution. C'était ce qu'elle avait sauvé du naufrage, et tout cela était encore très-frais et très-confortable. Sa chambre était tendue et meublée en damas bleu de ciel ; il y avait des tapis partout, un feu d'enfer dans toutes les cheminées.

Jamais je n'avais été si bien logée, et tout me semblait un sujet d'étonnement dans ces recherches d'un bien-être qui était beaucoup moindre à Nohant. Mais je n'avais pas besoin de tout cela, moi élevée dans la pauvre chambre boisée et carrelée de la rue Grange-Batelière, et je ne jouissais pas du tout de ces aises de la vie, auxquelles ma grand'mère eût aimé à me voir plus sensible. Je ne vivais, je ne souriais que quand ma mère était auprès de moi. Elle y venait tous les jours, et ma passion augmentait à chaque nouvelle entrevue. Je la dévorais de caresses, et la pauvre femme, voyant que cela faisait souffrir ma grand'mère, était forcée de me contenir et de s'abstenir elle-même de trop vives expansions. On nous permettait de sortir ensemble, et il le fallait bien, quoique cela ne remplît pas le but qu'on s'était proposé de me détacher d'elle. Ma grand'mère n'allait jamais à pied, elle ne pouvait pas se passer de la présence de mademoiselle Julie, qui, elle-même, était gauche, distraite, myope, et qui m'eût perdue dans les rues ou laissé écraser par les voitures. Je n'aurais donc jamais marché si ma mère ne m'eût emmenée tous les jours faire de longues courses avec elle, et quoique j'eusse de bien petites jambes, j'aurais été à pied au bout du monde pour avoir le plaisir de tenir sa main, de toucher sa robe et de regarder avec elle tout ce qu'elle me disait de regarder. Tout me paraissait beau à travers ses yeux. Les boulevards étaient un lieu enchanté; les bains Chinois, avec leur affreuse rocaille et leurs stupides magots, étaient un palais des contes de fées ; les chiens savants qui dansaient sur le boulevard, les boutiques de joujoux, les marchands d'estampes et les marchands d'oiseaux, c'était de quoi me rendre folle, et ma mère s'arrêtant devant tout ce qui m'occupait, y prenant plaisir avec moi, enfant qu'elle était elle-même, doublait mes joies en les partageant.

Ma grand'mère avait un esprit de discernement plus éclairé et d'une grande élévation naturelle. Elle voulait former mon goût, et portait sa critique judicieuse sur tous les objets qui me frappaient. Elle me disait : « Voilà une figure mal dessinée, un assemblage de couleurs qui choque la vue, une composition, ou un langage, ou une musique, ou une toilette de mauvais goût. » Je ne pouvais comprendre cela qu'à la longue. Ma mère, moins difficile et plus naïve, était en communication plus directe d'impressions avec moi. Presque tous les produits de l'art ou de l'industrie lui plaisaient, pour peu qu'ils eussent des formes riantes et des couleurs fraîches, et ce qui ne lui plaisait pas l'amusait encore. Elle avait la passion du nouveau, et il n'était point de mode nouvelle qui ne lui parût la plus belle qu'elle eût encore vue. Tout lui allait ; rien ne pouvait la rendre laide ou disgracieuse, malgré les critiques de ma grand'mère, fidèle, avec raison, à ses longues tailles et à ses amples jupes du Directoire.

Ma mère, engouée de la mode du jour, se désolait de voir ma bonne maman m'habiller en *petite vieille bonne femme*. On me taillait des douillettes dans les douillettes un peu usées, mais encore fraîches de ma grand'mère, de sorte que j'étais presque toujours vêtue de couleurs sombres, et que mes tailles plates me descendaient sur les hanches. Cela paraissait affreux, alors qu'on devait avoir la ceinture sous les aisselles. C'était pourtant beaucoup mieux. Je commençais à avoir de très-grands cheveux bruns qui flottaient sur mes épaules et frisaient naturellement pour peu qu'on me passât une éponge mouillée sur la tête. Ma mère tourmenta si bien ma bonne maman qu'il fallut la laisser s'emparer de ma pauvre tête pour me coiffer *à la chinoise*.

C'était bien la plus affreuse coiffure qu'on pût imaginer, et elle a été certainement inventée pour les figures qui n'ont pas de front. On vous rebroussait les cheveux en les peignant à contre-sens jusqu'à ce qu'ils eussent pris une attitude perpendiculaire, et alors on en tortillait le fouet juste au sommet du crâne, de manière à faire de la tête une boule allongée surmontée d'une petite boule de cheveux. On ressemblait ainsi à une brioche ou à une gourde de pèlerin. Ajoutez à cette laideur le supplice d'avoir les cheveux plantés à contre-poil ; il fallait huit jours d'atroces douleurs et d'insomnie avant qu'ils eussent pris ce pli forcé, et on les serrait si bien avec un cordon pour les y contraindre, qu'on avait la peau du front tirée et le coin des yeux relevé comme les figures d'éventail chinois.

Je me soumis aveuglément à ce supplice, quoiqu'il me fût alors absolument indifférent d'être laide ou belle, de suivre la mode ou de protester contre ses aberrations. Ma mère le voulait, je lui plaisais ainsi, je souffris avec un courage stoïque. Ma bonne maman me trouvait affreuse, elle était désespérée. Mais elle ne jugea point à propos de se quereller pour si peu de chose, ma mère l'aidant d'ailleurs, autant qu'elle pouvait s'y plier, à me calmer dans mon exaltation pour elle.

Cela fut facile en apparence dans les commencements. Ma mère me faisant sortir tous les jours et dînant ou passant la soirée très-souvent avec moi, je n'étais guère séparée d'elle que pendant le temps de mon sommeil ; mais une circonstance où ma chère bonne maman eut véritablement tort à mes yeux, vint bientôt ranimer ma préférence pour ma mère.

Caroline ne m'avait pas vue depuis mon départ pour l'Espagne, et il paraît que ma grand'mère avait fait une condition essentielle à ma mère de briser à jamais tout rapport entre ma sœur et moi. Pourquoi cette aversion pour une enfant pleine de candeur, élevée rigidement, et qui a été toute sa vie un modèle d'austérité ? Je l'ignore, et ne peux m'en rendre compte même aujourd'hui. Du moment que la mère était admise et acceptée, pourquoi la fille était-elle honnie et repoussée ? Il y avait là un préjugé, une injustice inexplicable de la part d'une personne qui savait pourtant s'élever au-dessus des préjugés de son monde quand elle échappait à des influences indignes de son esprit et de son cœur. Caroline était née longtemps avant que mon père eût connu ma mère ; mon père l'avait traitée et aimée comme sa fille, elle avait été la compagne raisonnable et complaisante de mes premiers jeux. C'était une jolie et douce enfant, et qui n'a jamais eu qu'un défaut pour moi, celui d'être trop absolue dans ses idées d'ordre et de dévotion. Je ne vois pas ce qu'on pouvait craindre pour moi de son contact, et ce qui eût pu me faire rougir jamais devant le monde de la reconnaître pour ma sœur, à moins que ce ne fût une souillure de n'être point noble de naissance, de sortir probablement de la classe du peuple, car je n'ai jamais su quel rang le père de Caroline occupait dans la société, et il est à présumer qu'il était de la même condition humble et obscure que ma mère. Mais n'étais-je pas, moi aussi, la fille de Sophie Delaborde, la petite-fille du marchand d'oiseaux, l'arrière-petite-fille de la mère Cloquard? Comment pouvait-on se flatter de me faire oublier que je sortais du peuple, et de me persuader que l'enfant porté dans le même sein que moi était d'une nature inférieure à la mienne, par ce seul fait qu'il n'avait point l'honneur de compter le roi de Pologne et le maréchal de Saxe parmi ses ancêtres paternels? Quelle folie, ou plutôt quel inconcevable enfantillage! Et quand une personne d'un âge mûr et d'un grand esprit commet un enfantillage devant un enfant, combien de temps, d'efforts et de perfections ne faut-il pas pour en effacer en lui l'impression?

Ma grand'mère fit ce prodige, car cette impression, pour n'être jamais effacée en moi, n'en fut pas moins vaincue par les trésors de tendresse que son âme me prodigua. Mais s'il n'y avait pas eu quelque raison profonde à la peine qu'elle eut à se faire aimer de moi, je serais un monstre. Je suis donc forcée de dire en quoi elle pécha au début, et maintenant que je connais l'obstination des classes nobiliaires, sa faute me paraît n'être point sienne, mais peser tout entière sur le milieu où elle avait toujours vécu, et dont, malgré son noble cœur et sa haute raison, elle ne put jamais se dégager entièrement.

Elle avait donc exigé que ma sœur me devînt étrangère, et comme je l'avais quittée à l'âge de quatre ans, il m'eût peut-être été facile de l'oublier. Je crois même que cela eût été déjà fait, si ma mère ne m'en eût pas parlé souvent depuis; et, quant à l'affection, n'ayant pu se développer encore bien vivement chez moi avant le voyage en Espagne, elle ne se fût peut-être pas beaucoup réveillée sans les efforts qu'on fit pour la briser violemment, et sans une petite scène de famille qui me fit une impression terrible.

Caroline avait environ douze ans. Elle était en pension, et, chaque fois qu'elle venait voir notre mère, elle la suppliait de la mener chez ma grand'-mère pour me voir, ou de me faire venir chez elle. Ma mère éludait sa prière et lui donnait je ne sais quelles raisons, ne pouvant et ne voulant pas lui faire comprendre l'incompréhensible exclusion qui pesait sur elle. La pauvre petite n'y comprenant rien en effet, ne pouvant plus tenir à son impatience de m'embrasser et n'écoutant que son cœur, profita d'un soir où notre petite maman dînait chez mon oncle de Beaumont, persuada à la portière de ma mère de l'accompagner, et arriva chez nous bien joyeuse et bien empressée. Elle avait pourtant un peu peur de cette grand'mère qu'elle n'avait jamais vue; mais peut-être croyait-elle qu'elle dînait aussi chez l'oncle, ou peut-être était-elle décidée à tout braver pour me voir.

Il était sept ou huit heures, je jouais mélancoliquement toute seule sur le tapis du salon, lorsque j'entends un peu de mouvement dans la pièce voisine, et ma bonne vient entr'ouvrir la porte et m'appeler tout doucement. Ma grand'mère avait l'air de sommeiller sur son fauteuil; mais elle avait le sommeil léger. Au moment où je gagnais la porte sur la pointe du pied, sans savoir ce qu'on voulait de moi, ma bonne maman se retourne et me dit d'un ton sévère : « Où allez-vous si mystérieusement, ma fille? — Je n'en sais rien, maman, c'est ma bonne qui m'appelle. — Entrez, Rose, que voulez-vous? Pourquoi appelez-vous ma fille comme en cachette de moi? » La bonne s'embarrasse, hésite, et finit par dire : « Eh bien, madame, c'est mademoiselle Caroline qui est là. »

Ce nom si pur et si doux fit un effet extraordinaire sur ma grand'mère. Elle crut à une résistance ouverte de la part de ma mère, ou à une résolution de la tromper que l'enfant ou la bonne avait trahie par maladresse. Elle parla durement et sèchement, ce qui certes lui arriva bien rarement dans sa vie. « Que cette petite s'en aille tout de suite, dit-elle, et qu'elle ne se présente plus jamais ici! Elle sait très-bien qu'elle ne doit point voir ma fille. Ma fille ne la connaît plus, et moi je ne la connais pas. Et quant à vous, Rose, si jamais vous cherchez à l'introduire chez moi, je vous chasse! »

Rose épouvantée disparut. J'étais troublée et effrayée, presque affligée et repentante d'avoir été pour ma grand'mère un sujet de colère, car je sentais bien que cette émotion ne lui était pas naturelle et devait la faire beaucoup souffrir. Mon étonnement de la voir ainsi m'empêchait de penser à Caroline, dont le souvenir était bien vague en moi. Mais tout à coup, à la suite de chuchotements échangés derrière la porte, j'entends un sanglot étouffé, mais déchirant, un cri parti du fond de l'âme, qui pénètre au fond de la mienne, et réveille la voix du sang. C'est Caroline qui pleure et s'en va consternée, brisée, humiliée, blessée dans son juste orgueil d'elle-même et dans son naïf amour pour moi.

Aussitôt l'image de ma sœur se ranime dans ma mémoire, je crois la voir telle qu'elle était dans la rue Grange-Batelière et à Chaillot, grandelette, menue, douce, modeste et obligeante, se faisant l'esclave de mes caprices, me chantant des chansons pour m'endormir, ou me racontant de belles histoires de fées. Je fonds en larmes et m'élance vers la porte; mais il est trop tard, elle est partie; ma bonne pleure aussi et me reçoit dans ses bras, en me conjurant de cacher à ma grand'mère un chagrin qui l'irrite contre elle. Ma grand'mère me rappelle et veut me prendre sur ses genoux pour me calmer et me raisonner; je résiste, je fuis ses caresses et je me jette par terre dans un coin en criant :

« Je veux retourner avec ma mère, je ne veux pas rester ici ! »

Mademoiselle Julie arrive à son tour et veut me faire entendre raison. Elle me parle de ma grand'-mère que je rends malade, à ce qu'elle assure, et que je refuse de regarder. « Vous faites de la peine à votre bonne maman qui vous aime, qui vous chérit, qui ne vit que pour vous. » Mais je n'écoute rien, je redemande ma mère et ma sœur avec des cris de désespoir. J'étais si malade et si suffoquée qu'il ne fallut point songer à me faire dire bonsoir à ma bonne maman. On me mena coucher, et toute la nuit je ne fis que gémir et soupirer dans mon sommeil.

Sans doute ma grand'mère passa une mauvaise nuit aussi. J'ai si bien compris depuis combien elle était bonne et tendre, que je suis bien certaine maintenant de la peine qu'elle éprouvait quand elle se croyait forcée de faire de la peine aux autres; mais sa dignité lui défendait de le faire paraître, et c'était par des soins et des gâteries détournées qu'elle essayait de le faire oublier.

A mon réveil, je trouvai sur mon lit une poupée que j'avais beaucoup désirée la veille, pour l'avoir vue avec ma mère dans un magasin de jouets, et dont j'avais fait une description pompeuse à ma bonne maman en rentrant pour dîner. C'était une petite négresse qui avait l'air de rire aux éclats et qui montrait ses dents blanches et ses yeux brillants au milieu de sa figure noire. Elle était ronde et bien faite, elle avait une robe de crêpe rose bordée d'une frange d'argent. Cela m'avait paru bizarre, fantastique, admirable, et, le matin, avant que je fusse éveillée, la pauvre bonne maman avait envoyé chercher la poupée négrillonne pour satisfaire mon caprice et me distraire de mon chagrin. En effet, le premier mouvement fut un vif plaisir; je pris la petite créature dans mes bras, son joli rire provoqua le mien, et je l'embrassai comme une jeune mère embrasse son nouveau-né. Mais, tout en la regardant et en la berçant sur mon cœur, mes souvenirs de la veille se ranimèrent. Je pensai à ma mère, à ma sœur, à la dureté de ma grand'mère, et je jetai la poupée loin de moi. Mais comme elle riait toujours, la pauvre négresse, je la repris, je la caressai encore et je l'arrosai de mes larmes, m'abandonnant à l'illusion d'un amour maternel qu'excitait plus vivement en moi le sentiment contristé de l'amour filial. Puis tout d'un coup j'eus un vertige, je laissai tomber la poupée par terre et j'eus d'affreux vomissements de bile qui effrayèrent beaucoup mes bonnes.

Je ne sais plus ce qui se passa pendant plusieurs jours, j'eus la rougeole avec une fièvre violente. Je devais l'avoir probablement, mais l'animation et le chagrin l'avaient hâtée ou rendue plus intense. Je fus assez dangereusement malade, et une nuit j'eus une vision qui me tourmenta beaucoup. On avait laissé une lampe brûler dans la chambre où j'étais; mes deux bonnes dormaient, et j'avais les yeux ouverts et la tête en feu. Il me semble pourtant que mes idées étaient très-nettes, et qu'en regardant fixement cette lampe je me rendais fort bien compte de ce que c'était. Il s'était formé un grand champignon sur la mèche, et la fumée noire qui s'en exhalait dessinait son ombre tremblotante sur le plafond. Tout à coup ce lumignon prit une forme distincte, celle d'un petit homme qui dansait au milieu de la flamme. Il s'en détacha peu à peu et se mit à tourner autour avec rapidité, et à mesure qu'il tournait il grandissait toujours, il arrivait à la taille d'un homme véritable, jusqu'à ce qu'enfin ce fut un géant dont les pas rapides frappaient la terre avec bruit, tandis que sa folle chevelure balayait circulairement le plafond avec la légèreté d'une chauve-souris.

Je fis des cris épouvantables, et l'on vint à moi pour me rassurer ; mais cette apparition revint trois ou quatre fois de suite et dura presque jusqu'au jour. C'est la seule fois que je me rappelle avoir eu le délire. Si je l'ai eu depuis, je ne m'en suis pas rendu compte, ou je ne m'en souviens pas.

CHAPITRE DEUXIÈME

Rose et Julie. — Diplomatie maternelle de ma grand'mère. — Je retrouve mon *chez nous*. — L'intérieur de mon grand-oncle. — *Voir c'est avoir*. — Les dîners fins de mon grand-oncle; ses tabatières. — Madame de la Marlière. — Madame de Pardaillan. — Madame de Béranger et sa perruque. — Madame de Ferrières et ses beaux bras. — Madame de Maleteste et son chien. — Les abbés. — Premiers symptômes d'un penchant à l'observation. — Les cinq générations de la rue de Grammont. — Le bal d'enfants. — La fausse grâce. — Les talons rouges littéraires de nos jours.

Quand ma fièvre se fut dissipée, et que je n'eus plus à garder le lit que par précaution, j'entendis mademoiselle Julie et Rose qui causaient à demi-voix de ma maladie et de la cause qui l'avait rendue si forte.

Il faut que je dise d'abord quelles étaient les deux personnes à l'empire desquelles j'ai été beaucoup trop livrée depuis, pour le bonheur de mon enfance.

Rose avait été déjà au service de ma mère du vivant de mon père, et ma mère étant satisfaite de son attachement et de plusieurs bonnes qualités qu'elle avait, l'ayant retrouvée à Paris sans place, et désirant mettre auprès de moi une femme propre et honnête, avait persuadé à ma grand'mère de la prendre pour me soigner, me promener et me distraire. Rose était une rousse forte, active et intrépide. Elle était bâtie comme un garçon, montait à cheval jambe de çà, jambe de là, galopant comme un démon, sautant les fossés, tombant quelquefois, se fendant le crâne et ne se rebutant de rien. En voyage, elle était précieuse à ma grand'mère, parce qu'elle n'oubliait rien, prévoyait tout, mettait le sabot à la roue, relevait le postillon s'il se laissait choir, raccommodait les traits, et eût volontiers, en cas de besoin, pris les bottes fortes et mené la voiture. C'était une nature puissante, comme l'on voit, une véritable charretière de la Brie, où elle avait été élevée aux champs.

Elle était laborieuse, courageuse, adroite, propre comme une servante hollandaise, franche, juste, pleine de cœur et de dévouement. Mais elle avait un défaut cruel dont je m'aperçus bien par la suite, et qui tenait à l'ardeur de son sang et à l'exubérance de sa vie. Elle était violente et brutale. Comme elle m'aimait beaucoup, m'ayant bien soignée dans ma première enfance, ma mère croyait m'avoir donné une amie, et elle me chérissait en effet, mais elle avait des emportements et des tyrannies qui devaient m'opprimer plus tard et faire de ma seconde enfance une sorte de martyre.

Pourtant je lui ai tout pardonné, et, chose bizarre, malgré l'indépendance de mon caractère et les souffrances dont elle m'a accablée, je ne l'ai jamais haïe. C'est qu'elle était sincère, c'est que le fond était généreux, c'est surtout qu'elle aimait ma mère et qu'elle l'a toujours aimée. C'était tout le contraire avec mademoiselle Julie. Celle-ci était douce, polie, n'élevait jamais la voix, montrait une patience angélique en toutes choses ; mais elle manquait de franchise, et c'est là un caractère que je n'ai jamais pu supporter. C'était une fille d'un esprit supérieur, je n'hésite pas à le dire. Sortie de sa petite ville de la Châtre sans avoir rien appris, sachant à peine lire et écrire, elle avait occupé ses longs loisirs de Nohant à lire toute espèce de livres. D'abord ce furent des romans, dont toutes les femmes de chambre ont la passion, ce qui fait que je pense souvent à elle quand j'en écris. Ensuite ce furent des livres d'histoire, et enfin des ouvrages de philosophie. Elle connaissait son Voltaire mieux que ma grand'mère elle-même, et j'ai vu dans ses mains le *Contrat social* de Rousseau, qu'elle comprenait fort bien. Tous les mémoires connus ont été avalés et retenus par cette tête froide, positive et sérieuse. Elle était versée dans toutes les intrigues de la cour de Louis XIV, de Louis XV, de la czarine Catherine, de Marie-Thérèse et du grand Frédéric, comme un vieux diplomate ; et si on était embarrassé de se rappeler quelque parenté des seigneurs de l'ancienne France avec les grandes familles de l'Europe, on pouvait s'adresser à elle, elle avait cela au bout de son doigt. J'ignore si, dans sa vieillesse, elle a conservé cette aptitude et cette mémoire, mais je l'ai connue vraiment érudite en ce genre, solidement instruite à plusieurs autres égards, bien qu'elle ne sût pas un mot d'orthographe.

J'aurai encore beaucoup à parler d'elle; car elle m'a fait beaucoup souffrir, et ses rapports de police sur mon compte auprès de ma grand'mère m'ont rendue beaucoup plus malheureuse que les criailleries et les coups dont Rose, par bonne intention, travaillait à m'abrutir; mais je ne me plaindrai ni de l'une ni de l'autre avec amertume. Elles ont travaillé à mon éducation physique et morale selon leur pouvoir, et chacune d'après un système qu'elle croyait le meilleur.

Je conviens que Julie me déplaisait particulièrement, parce qu'elle haïssait ma mère. En cela, elle croyait témoigner de son dévouement à sa maîtresse, et elle faisait à celle-ci plus de mal que de bien. En résumé, il y avait chez nous le *parti de ma mère*, représenté par Rose, Ursule et moi; le *parti de ma grand'mère*, représenté par Deschartres et par Julie.

Il faut dire à l'éloge des deux suivantes de ma bonne maman que cette différence d'opinion ne les empêcha pas de vivre ensemble sur le pied d'une

grande amitié, et que Rose, sans jamais abandon-
donner la défense de sa première maîtresse, professa
toujours un grand respect et un grand dévouement
pour la seconde. Elles ont soigné ma grand'mère
jusqu'à son dernier jour avec un zèle parfait; elles
lui ont fermé les yeux. Je leur ai donc pardonné
tous les ennuis et toutes les larmes qu'elles m'ont
coûtés, l'une par sa sollicitude féroce pour ma personne, l'autre par l'abus de son influence sur ma
bonne maman.

Elles étaient donc dans ma chambre à chuchoter,
et que de choses de ma famille j'ai sues par elles,
que j'aurais bien mieux aimé ne pas savoir sitôt!...
et ce jour-là elles disaient (*Julie*) : « Voyez comme
cette petite est folle d'adorer sa mère; sa mère ne
l'aime point du tout. Elle n'est pas venue une seule
fois la voir depuis qu'elle est malade! — Sa mère,
disait Rose, elle est venue tous les jours savoir de
ses nouvelles, mais elle n'a pas voulu monter, parce
qu'elle est fâchée contre madame, à cause de Caroline. — C'est égal, reprenait Julie, elle aurait pu
venir voir sa fille sans entrer chez madame; mais elle
a dit à M. de Beaumont qu'elle avait peur d'attraper
la rougeole. Elle craint pour sa peau. — Vous vous
trompez, Julie, repartit Rose, ce n'est pas comme
cela; c'est qu'elle a peur d'apporter la rougeole à
Caroline; et pourquoi faudrait-il que ses deux filles
fussent malades à la fois? C'est bien assez d'une. »

Cette explication me fit du bien et calma mon désir d'embrasser ma mère. Elle vint le lendemain jusqu'à la porte de ma chambre, et me cria bonjour à travers. « Va-t'en, ma petite mère, lui dis-je, n'entre pas. Je ne veux pas envoyer ma rougeole à Caroline. — Voyez! dit ma mère à je ne sais quelle personne qui était avec elle, elle me connaît bien, elle! Elle ne m'accuse pas. On aura beau faire et beau dire, on ne l'empêchera pas de m'aimer. »

On voit, d'après ces petites scènes d'intérieur, qu'il y avait autour de mes deux mères des gens qui leur redisaient tout, et qui envenimaient leurs dissentiments. Mon pauvre cœur d'enfant commençait à être ballotté par leur rivalité. Objet d'une jalousie et d'une lutte perpétuelles, il était impossible que je ne fusse pas la proie de quelque prévention, comme j'étais la victime des douleurs que je causais.

Dès que je fus en état de sortir, ma grand'mère m'enveloppa soigneusement, me prit avec elle dans une voiture et me conduisit chez ma mère, où je n'avais pas encore été depuis mon retour à Paris. Elle demeurait alors rue Duphot, si je ne me trompe. L'appartement était petit, sombre et bas, pauvrement meublé, et le pot-au-feu bouillait dans la cheminée du salon. Tout était fort propre, mais ne sentait point la richesse ni la prodigalité. On a tant reproché à ma mère d'avoir mis du désordre dans la vie de mon père et de lui avoir fait faire des dettes, que je suis bien aise de la retrouver, dans tous mes souvenirs, économe, presque avare pour elle-même.

La personne qui vint nous ouvrir fut Caroline. Elle me parut jolie comme un ange, avec son petit nez retroussé. Elle était plus grande que moi relativement à nos âges respectifs, elle avait la peau moins brune, les traits plus délicats et une expression de finesse un peu froide et railleuse. Elle soutint avec aplomb la rencontre de ma grand'mère, elle se sentait chez elle ; elle m'embrassa avec transport, me fit mille caresses, mille questions, avança tranquillement et fièrement un fauteuil à ma bonne maman en lui disant : « Asseyez-vous, *madame Dupin ;* je vais faire appeler maman, qui est *chez la voisine.* » Puis, ayant averti la portière qui faisait leurs commissions, car elles n'avaient pas de servante, elle revint s'asseoir auprès du feu, me prit sur ses genoux, et se remit à me questionner et à me caresser, sans s'occuper davantage de la grande dame qui lui avait fait un si cruel affront.

Ma bonne maman avait certainement préparé quelque bonne et digne parole à dire à cette enfant, pour la rassurer et la consoler, car elle s'était attendue à la trouver timide et effrayée, ou boudeuse, et à soutenir une scène de larmes ou de reproches ; mais voyant qu'il n'y avait rien de ce qu'elle avait prévu, elle éprouva, je crois, un peu d'étonnement et de malaise, car je remarquai qu'elle prenait beaucoup de tabac, prise sur prise.

Ma mère arriva au bout d'un instant. Elle m'embrassa passionnément et salua ma grand'mère avec un regard sec et enflammé. Celle ci vit bien qu'il fallait aller au-devant de l'orage. « Ma fille, dit-elle avec beaucoup de calme et de dignité, sans doute quand vous avez envoyé Caroline chez moi, vous aviez mal compris mes intentions à l'égard des relations qui doivent exister entre elle et Aurore. Je n'ai jamais eu la pensée de contrarier ma petite-fille dans ses affections. Je ne m'opposerai jamais à ce qu'elle vienne vous voir et à ce qu'elle voie Caroline chez vous. Faisons donc en sorte, ma fille, qu'il n'y ait plus de malentendu à cet égard. »

Il était impossible de s'en tirer plus sagement et avec plus d'adresse et de justice. Elle n'avait pas été toujours aussi équitable dans cette affaire. Il est bien certain qu'elle n'avait pas voulu consentir, dans le principe, à ce que je visse Caroline, même chez ma mère, et que ma mère avait été forcée de s'engager à ne me point amener chez elle dans nos promenades, engagement qu'elle avait fidèlement observé. Il est bien certain aussi qu'en voyant dans mon cœur plus de mémoire et d'attachement qu'elle ne pensait, ma bonne maman avait renoncé à une résolution impossible et mauvaise. Mais cette concession faite, elle conservait son droit de ne pas admettre chez elle une personne dont la présence lui était désagréable. Son explication adroite et nette coupait court à toute récrimination, ma mère le sentit et son courroux tomba. « A la bonne heure, maman, » dit-elle, et elles parlèrent à dessein d'autre chose. Ma mère était entrée avec une tempête dans l'âme, et, comme de coutume, elle était étonnée, devant la fermeté souple et polie de sa belle-mère, d'avoir à plier ses voiles et à rentrer au port.

Au bout de quelques instants, ma grand'mère se leva pour continuer ses visites, priant ma mère de me garder jusqu'à ce qu'elle vînt me reprendre. C'était une concession et une délicatesse de plus, pour bien montrer qu'elle ne prétendait pas gêner et surveiller nos épanchements. Pierret arriva à temps pour lui offrir son bras jusqu'à la voiture. Ma grand'mère avait de la déférence pour lui, à cause du grand dévouement qu'il avait témoigné à mon père. Elle lui faisait très-bon accueil, et Pierret n'était point de ceux qui excitaient ma mère contre elle. Bien au contraire, il n'était occupé qu'à la calmer et à l'engager à vivre dans de bons rapports avec sa belle-mère. Mais il rendait à celle-ci de très-rares visites. C'était pour lui trop de contrainte que de rester une demi-heure sans allumer son cigare, sans faire de grimaces, et sans proférer à chaque phrase son jurement favori, *sac à papier!*

Quelle joie ce fut pour moi que de me retrouver dans ce qui me semblait ma seule, ma véritable famille ! Que ma mère me semblait bonne, ma sœur aimable, mon ami Pierret drôle et complaisant ! Et ce petit appartement si pauvre et si laid en comparaison des salons ouatés de ma grand'mère (c'est ainsi que je les appelais par dérision), il devint pour moi, en un instant, la terre promise de mes rêves. Je l'explorais dans tous les coins, je regardais avec amour les moindres objets, la petite pendule en albâtre, les vases de fleurs en papier, jaunies sous leur cylindre de verre, les pelotes que Caroline avait brodées en chenille, à sa pension, et jusqu'à la chaufferette de ma mère, ce meuble prolétaire banni des habitudes élégantes, ancien trépied de mes premières improvisations dans la rue Grange-Batelière. Comme j'aimais tout cela ! Je ne me lassais pas de dire : « Je suis ici *chez nous*. Là-bas, je suis chez ma bonne maman. — *Sac à papier !* disait Pierret, qu'elle n'aille pas dire *chez nous* devant madame Dupin, elle nous reprocherait de lui apprendre à parler comme *aux z-halles !* » Et Pierret de rire aux éclats, car il riait volontiers de tout, et ma mère de se moquer de lui, et moi de crier : « Comme on s'amuse *chez nous !* »

Caroline me faisait des *pigeons* avec ses doigts, ou, avec un bout de fil que nous passions et croisions dans les doigts l'une de l'autre, elle m'apprenait toutes ces figures et ces combinaisons de lignes que les enfants appellent le lit, le bateau, les ciseaux, la scie, etc. Les belles poupées et les beaux livres d'images de ma bonne maman ne me paraissaient plus rien auprès de ces jeux qui me rappelaient mon enfance, car, encore enfant, j'avais déjà une enfance, un passé derrière moi, des souvenirs, des regrets, une existence accomplie et qui ne devait pas m'être rendue.

La faim me prit, il n'y avait *chez nous* ni gâteaux ni confitures, mais le classique pot-au-feu pour toute nourriture. Mon goûter passa en un instant de la cheminée sur la table. Avec quel plaisir je retrouvai mon assiette de terre de pipe! Jamais je ne mangeai de meilleur cœur. J'étais comme un voyageur qui rentre chez lui après de longues tribulations, et qui jouit de tout dans son petit ménage.

Ma grand'mère revint me chercher, mon cœur se serra. Mais je compris que je ne devais pas abuser de sa générosité. Je la suivis en riant avec des yeux pleins de larmes.

Ma mère ne voulut pas abuser non plus de la concession faite et ne me mena chez elle que les dimanches. C'étaient les jours de congé de Caroline, qui était encore en pension, ou qui peut-être commençait à apprendre le métier de graveuse de musique qu'elle a continué depuis, et exercé jusqu'à son mariage, avec beaucoup de labeur et quelque petit profit.

Ces heureux dimanches si impatiemment attendus passaient comme des rêves. A cinq heures, Caroline allait dîner chez ma tante Maréchal, maman et moi nous allions retrouver ma grand'mère chez mon grand-oncle de Beaumont.

C'était un vieux usage de famille fort doux que ce dîner hebdomadaire qui réunissait invariablement les mêmes convives. Il s'est presque perdu dans la vie agitée et désordonnée que l'on mène aujourd'hui. C'était la manière la plus agréable et la plus commode de se voir, pour les gens de loisir et d'habitudes régulières. Mon grand-oncle avait pour cuisinière un cordon bleu qui, n'ayant jamais affaire qu'à des palais d'une expérience et d'un discernement consommés, mettait un amour-propre immense à les contenter. Madame Bourdieu, la gouvernante de mon oncle, et mon oncle lui-même exerçaient une surveillance éclairée sur ces importants travaux. A cinq heures précises, nous arrivions, ma mère et moi, et nous trouvions déjà autour du feu ma grand'mère dans un vaste fauteuil placé vis-à-vis du vaste fauteuil de mon grand-oncle, et madame de la Marlière entre eux, les pieds allongés sur les chenets, la jupe un peu relevée, et montrant deux maigres jambes chaussées de souliers très-pointus.

Madame de la Marlière était une ancienne amie

intime de la feue comtesse de Provence, la femme de celui qui fut depuis Louis XVIII. Son mari, le général de la Marlière, était mort sur l'échafaud. Il est souvent question de cette dame dans les lettres de mon père, si l'on s'en souvient. C'était une personne fort bonne, fort gaie, expansive, babillarde, obligeante, dévouée, bruyante, railleuse, un peu cynique dans ses propos. Elle n'était point du tout pieuse alors, et se gaussait des curés, voire d'autre chose, avec une liberté extrême. A la restauration, elle devint dévote, et elle a vécu jusqu'à l'âge de quatre-vingt-dix-huit ans, je crois, en odeur de sainteté. C'était, en somme, une excellente femme, sans préjugés au temps où je l'ai connue, et je ne pense pas qu'elle soit jamais devenue bigote et intolérante. Elle n'en avait guère le droit, après avoir tenu si peu de compte des choses saintes pendant les trois quarts de sa vie. Elle était fort bonne pour moi, et comme c'était la seule des amies de ma grand'mère qui n'eût aucune prévention contre ma mère, je lui témoignais plus de confiance et d'amitié qu'aux autres. Pourtant j'avoue qu'elle ne m'était pas naturellement sympathique. Sa voix claire, son accent méridional, ses étranges toilettes, son menton aigu dont elle me meurtrissait les joues en m'embrassant, et surtout la crudité de ses expressions burlesques, m'empêchaient de la prendre au sérieux et de trouver du plaisir à ses gâteries.

Madame Bourdieu allait et venait légèrement de la cuisine au salon; elle n'avait guère alors qu'une quarantaine d'années. C'était une brune forte, replète, et d'un type très-accusé. Elle était de Dax, et avait un accent gascon encore plus sonore que celui de madame de la Marlière. Elle appelait mon grand-oncle *papa,* et ma mère aussi avait cette habitude. Madame de la Marlière, qui aimait à faire l'enfant, disait *papa* aussi, ce qui faisait paraître mon grand-oncle plus jeune qu'elle.

L'appartement qu'il a occupé tout le temps de ma vie où je l'ai connu, c'est-à-dire pendant une quinzaine d'années, était situé rue Guénégaud, au fond d'une cour triste et vaste, dans une maison du temps de Louis XIV, d'un caractère très-homogène dans toutes ses parties. Les fenêtres étaient hautes et longues; mais il y avait tant de rideaux, de tentures, de paravents, de draperies et de tapis pour défendre à l'air extérieur de s'introduire par la moindre fissure, que toutes les pièces étaient sombres et sourdes comme des caves. L'art de se préserver du froid en France, et surtout à Paris, commençait à se perdre sous l'empire, et il s'est tout à fait perdu maintenant pour les gens d'une fortune médiocre, malgré les nombreuses inventions de chauffage économique dont le progrès nous a enrichis.

La mode, la nécessité et la spéculation, qui de

concert nous ont amenés à bâtir des maisons percées de plus de fenêtres qu'il ne reste de parties pleines dans l'édifice ; le manque d'épaisseur des murailles, et la hâte avec laquelle ces constructions laides et fragiles se sont élevées, font que plus un appartement est petit, plus il est froid et coûteux à réchauffer. Celui de mon grand-oncle était une serre chaude créée par ses soins assidus, dans une maison épaisse et massive, comme devraient l'être toutes les habitations dans un climat aussi ingrat et aussi variable que le nôtre. Il est vrai qu'autrefois on s'installait là pour toute sa vie, et qu'en y bâtissant son nid, on y creusait sa tombe.

Les vieilles gens que j'ai connues à cette époque et qui avaient une existence retirée ne vivaient que dans leur chambre à coucher. Elles avaient un salon vaste et beau, où elles recevaient une ou deux fois l'an, et où, le reste du temps, elles n'entraient jamais. Mon grand-oncle et ma grand'mère, ne recevant jamais, eussent pu se passer de ce luxe inutile qui doublait le prix de leur loyer. Mais ils eussent cru n'être pas logés s'il en eût été autrement.

Le mobilier de ma grand'mère était du temps de Louis XVI, et elle n'avait point de scrupule d'y introduire de temps en temps un objet plus moderne lorsqu'il lui semblait commode ou joli. Mais mon grand-oncle était trop artiste pour se permettre la moindre disparate. Tout chez lui était du même style Louis XIV que les moulures des portes ou les ornements du plafond. Je ne sais s'il avait hérité de ce riche ameublement ou s'il l'avait collectionné lui-même ; mais ce serait aujourd'hui une trouvaille pour un amateur que ce mobilier complet dans son ancienneté, depuis la pincette et le soufflet, jusqu'au lit et aux cadres des tableaux. Il avait des peintures superbes dans son salon, et des meubles de Boule d'une grandeur et d'une richesse respectables. Comme tout cela n'était pas redevenu de mode et qu'on préférait à ces belles choses, véritables objets d'art, les chaises curules de l'empire et les détestables imitations d'Herculanum en acajou plaqué ou en bois peint couleur bronze, le mobilier de mon grand-oncle n'avait guère de prix que pour lui-même. J'étais loin de pouvoir apprécier le bon goût et la valeur artistique d'une semblable collection ; et même j'entendais dire à ma mère que tout cela était trop vieux pour être beau. Pourtant les belles choses portent avec elles une impression que subissent souvent ceux mêmes qui ne les comprennent pas. Quand j'entrais chez mon oncle, il me semblait entrer dans un sanctuaire mystérieux, et, comme le salon était en effet un sanctuaire fermé, je priais tout bas madame Bourdieu de m'y laisser pénétrer. Alors, pendant que les grands-parents jouaient aux cartes après dîner, elle me donnait un petit bougeoir, et, me conduisant comme en cachette dans ce grand salon, elle m'y laissait quelques instants, me recommandant bien de ne pas monter sur les meubles et de ne pas répandre de bougie. Je n'avais garde de désobéir ; je posais ma lumière sur une table et je me promenais furtivement dans cette vaste pièce à peine éclairée jusqu'au plafond par mon faible luminaire. Je ne voyais donc que très-confusément les grands portraits de Largillière, les beaux intérieurs flamands et les tableaux des maîtres italiens qui couvraient les murs. Je me plaisais au scintillement des dorures, aux grands plis des rideaux, au silence et à la solitude de cette pièce respectable que l'on semblait ne pas oser habiter et dont je prenais possession à moi toute seule.

Cette possession fictive me suffisait, car dès mes plus jeunes années, la possession réelle des choses n'a jamais été un plaisir pour moi. Jamais rien ne m'a fait envie en fait de palais, de voitures, de bijoux et même d'objets d'art ; et pourtant j'aime à parcourir un beau palais, à voir passer un équipage élégant et rapide, à toucher et à retourner des bijoux bien travaillés, à contempler les produits d'art ou d'industrie où l'intelligence de l'homme s'est révélée sous une forme quelconque. Mais je n'ai jamais éprouvé le besoin de me dire : « Ceci est à moi, » et je ne comprends même pas qu'on ait ce besoin-là. On a tort de me donner un objet rare ou précieux, parce qu'il m'est impossible de ne pas le donner bientôt à un ami qui l'admire et chez qui je vois le désir de la possession. Je ne tiens qu'aux choses qui me viennent des êtres que j'ai aimés et qui ne sont plus. Alors j'en suis avare, quelque peu de valeur qu'elles aient, et j'avoue que le créancier qui me forcerait à vendre les vieux meubles de ma chambre me ferait beaucoup de peine, parce qu'ils me viennent presque tous de ma grand'mère et qu'ils me la rappellent à tous les instants de ma vie. Pour tout ce qui est aux autres, je n'en suis jamais tentée et me sens de la race de ces bohémiens dont Béranger a dit :

Voir c'est avoir.

Je ne hais pas le luxe, tout au contraire, je l'aime; mais je n'en ai que faire pour moi. J'aime les bijoux surtout de passion. Je ne trouve pas de création plus jolie que ces combinaisons de métaux et de pierres précieuses qui peuvent réaliser les formes les plus riantes et les plus heureuses dans de si délicates proportions. J'aime à examiner les parures, les étoffes, les couleurs; le goût me charme. Je voudrais être bijoutier ou costumier pour inventer toujours, et pour donner, par le miracle du goût, une sorte de vie à ces riches matières. Mais tout cela n'est d'aucun usage agréable pour moi. Une belle robe est gênante, les bijoux égratignent, et en toutes choses, la mollesse des habitudes nous vieillit et nous tue. Enfin je ne suis pas née pour être riche, et si les malaises de la vieillesse ne commençaient à se faire sentir, je vivrais très-réellement dans une chaumière du Berry, pourvu qu'elle fût propre[1], avec autant de contentement que dans une villa italienne.

Ce n'est point vertu ni prétention à l'austérité républicaine. Est-ce qu'une chaumière n'est pas, surtout pour l'artiste, plus belle, plus riche de couleur, de grâce, d'arrangement et de caractère, qu'un vilain palais moderne construit et décoré dans le goût *constitutionnel*, le plus pitoyable style qui existe dans l'histoire des arts? Aussi n'ai-je jamais compris que les artistes de mon temps eussent, en général, tant de vénalité, de besoins de luxe, d'ambitions de fortune. Si quelqu'un au monde peut se passer de luxe et se créer à lui-même une vie selon ses rêves avec peu, avec presque rien, c'est l'artiste, puisqu'il porte en lui le don de poétiser les moindres choses, et de se construire une cabane selon les règles du goût ou les instincts de la poésie. Le luxe me paraît donc la ressource des gens bêtes.

Ce n'était pourtant point le cas pour mon grand-oncle; son goût était luxueux de sa nature, et j'approuve fort qu'on se meuble avec de belles choses quand on peut se les procurer, par d'heureuses rencontres, à meilleur marché que de laides. C'est pro-

---

[1] Et elles le sont presque toutes, j'aime à le dire.

bablement ce qui lui était arrivé, car il avait une mince fortune et il était fort généreux, ce qui équivaut à dire qu'il était pauvre et n'avait pas de folies et de caprices à se permettre.

Il était gourmand, quoiqu'il mangeât fort peu, mais il avait une gourmandise sobre et de bon goût comme le reste, point fastueuse, sans ostentation, et qui se piquait même d'être positive. Il était plaisant de l'entendre analyser ses théories culinaires, car il le faisait tantôt avec une gravité et une logique qui eussent pu s'appliquer à toutes les données de la politique et de la philosophie, tantôt avec une verve comique et indignée. « Rien n'est si bête, disait-il avec ses paroles enjouées dont l'accent distingué corrigeait la crudité, que de se ruiner pour sa gueule. Il n'en coûte pas plus d'avoir une omelette délicieuse que de se faire servir, sous prétexte d'omelette, un vieux torchon brûlé. Le tout, c'est de savoir soi-même ce que c'est qu'une omelette, et quand une ménagère l'a bien compris, je la préfère, dans ma cuisine, à un savant prétentieux qui se fait appeler monsieur par ses marmitons, et qui baptise une charogne des noms les plus pompeux. »

Tout le temps du dîner, la conversation était sur ce ton et roulait sur la mangeaille. J'en ai donné cet échantillon pour qu'on se figure bien cette nature de chanoine, qui n'a guère plus de type dans le temps présent. Ma grand'mère, qui était d'une friandise extrême, bien que très-petite mangeuse, avait aussi des théories scientifiques sur la manière de faire une crème à la vanille et une omelette soufflée. Madame Bourdieu se faisait quereller par mon oncle, parce qu'elle avait laissé mettre dans la sauce quelques parcelles de muscade de plus ou de moins : ma mère riait de leurs disputes. Il n'y avait que la mère la Marlière qui oubliât de babiller au dîner, parce qu'elle mangeait comme un ogre. Quant à moi, ces longs dîners servis, discutés, analysés et savourés avec tant de solennité m'ennuyaient mortellement. J'ai toujours mangé vite et en pensant à autre chose. Une longue séance à table m'a toujours rendue malade, et j'obtenais la permission de me lever de temps en temps pour aller jouer avec un vieux caniche qui s'appelait *Babet,* et qui passait sa vie à faire des petits et à les allaiter dans un coin de la salle à manger.

La soirée me paraissait bien longue aussi. Il fallait que ma mère prît des cartes et fît la partie des grands-parents, ce qui ne l'amusait pas non plus, mon oncle étant beau joueur et ne se fâchant pas comme Deschartres, et la mère la Marlière gagnant toujours parce qu'elle trichait. Elle convenait elle-même que le jeu sans tricherie l'ennuyait, c'est pourquoi elle ne voulait point jouer d'argent[1].

[1] J'ai fait depuis une remarque qui m'a paru triste : c'est que la plupart des femmes trichent au jeu et sont malhon-

Pendant ce temps, la bonne Bourdieu tâchait de me distraire. Elle me faisait faire des châteaux de cartes ou des édifices de dominos. Mon oncle, qui était taquin, se retournait pour souffler dessus ou pour donner un coup de coude à notre petite table. Et puis il disait à madame Bourdieu, qui s'appelait Victoire comme ma mère : « Victoire, vous abrutissez cet enfant, montrez-lui quelque chose d'intéressant. Tenez, faites-lui voir mes tabatières ! » Alors on ouvrait un coffret et l'on me faisait passer en revue une douzaine de tabatières fort belles, ornées de charmantes miniatures. C'étaient les portraits d'autant de belles dames en costumes de

nêtes en affaires d'intérêt. Je l'ai constaté chez des femmes riches, pieuses et considérées. Il faut le dire, puisque cela est, et que signaler un mal c'est le combattre. Cet instinct de duplicité, qu'on peut observer même chez les jeunes filles qui jouent sans que la partie soit intéressée, tient-il à un besoin inné de tromper, ou à l'âpreté d'une volonté nerveuse qui veut se soustraire à la loi du hasard ? Cela ne vient-il pas plutôt de ce que leur éducation morale est incomplète ? Il y a deux sortes d'honneur dans le monde : celui des hommes porte sur la bravoure et sur la loyauté dans les transactions pécuniaires ; celui des femmes n'est attaché qu'à la pudeur et à la fidélité conjugale. Si l'on se permettait de dire ici aux hommes qu'un peu de chasteté et de fidélité ne leur nuirait pas, ils lèveraient certainement les épaules. Mais nieront-ils qu'une honnête femme, qui serait en même temps un honnête homme, aurait doublement droit à leur respect et à leur confiance ?

nymphes, de déesses ou de bergères. Je comprends maintenant pourquoi mon oncle avait tant de belles dames sur ses tabatières. Quant à lui, il n'y tenait plus, et cela ne lui paraissait plus avoir d'autre utilité que d'amuser les regards d'un petit enfant. Donnez donc des portraits aux abbés! Heureusement ce n'est plus la mode.

Ma bonne maman me menait aussi quelquefois chez madame de la Marlière; mais celle-ci, n'ayant qu'une très-mince existence, ne donnait point de dîners. Elle occupait, rue Villedot, n° 6, un petit appartement au troisième, qu'elle n'a pas quitté, je crois, depuis le directoire jusqu'à sa mort, arrivée en 1841 ou 42. Son intérieur, moins beau que celui de mon grand-oncle, était curieux aussi pour son homogénéité, et je ne crois pas que depuis le temps de Louis XVI, dont il était un petit spécimen complet, il eût subi le moindre changement.

Madame de la Marlière était alors très-liée avec madame Junot, duchesse d'Abrantès, qui a laissé des mémoires très-intéressants, et qui est morte très-malheureuse, après une vie mêlée de plaisirs et de désastres. Elle a consacré, s'il m'en souvient bien, une page à madame de la Marlière, qu'elle a beaucoup poétisée. Mais il faut permettre à l'amitié ces sortes d'inexactitudes. En somme, la vieille amie de la comtesse de Provence, de madame Junot et de ma grand'mère, avait plus de qualités que de défauts, et c'était de quoi lui faire pardonner quelques travers et quelques ridicules. Les autres amies de ma grand'mère étaient : d'abord, madame de Pardaillan, celle qu'elle préférait avec raison à toutes les autres, petite bonne vieille qui avait été fort jolie et qui était encore proprette, mignonne et fraîche sous ses rides. Elle n'avait pas d'esprit et pas plus d'instruction que les autres dames de son temps, car, de toutes celles que je mentionne, ma grand'mère était la seule qui sût parfaitement sa langue et dont l'orthographe fût correcte. Madame de la Marlière, quoique drôle et piquante dans son style, écrivait comme nos cuisinières n'écrivent plus; mais madame de Pardaillan, n'ayant jamais eu aucune espèce de prétention, et ne visant point à l'esprit, n'était jamais ennuyeuse. Elle jugeait tout avec un grand bon sens, et prenait son opinion et ses principes dans son cœur, sans s'inquiéter du monde. Je ne crois pas qu'elle ait non-seulement dit un mot méchant dans sa vie, mais encore qu'elle ait eu une seule pensée hostile ou amère; c'était une nature angélique, calme, et pourtant sensible et aimante, une âme fidèle, maternelle à tous, pieuse sans fanatisme, tolérante non par indifférence, mais par tendresse et modestie. Enfin je ne sais si elle avait des défauts, mais elle est une des deux ou trois personnes que j'ai rencontrées, dans ma vie, chez lesquelles il m'a été impossible d'en pressentir aucun.

S'il n'y avait pas de brillant à la surface de son esprit, je crois qu'il y avait du moins une certaine profondeur dans ses pensées. Elle avait l'habitude de m'appeler *pauvre petite*. Et un jour que je me trouvais seule avec elle, je m'enhardis à lui demander pourquoi elle m'appelait ainsi. Elle m'attira près d'elle et me dit d'une voix émue en m'embrassant : « Soyez toujours bonne, ma pauvre enfant, car ce sera votre seul bonheur en ce monde. » Cette espèce de prophétie me fit quelque impression. « Je serai donc malheureuse? lui dis-je. — Oui, me répondit-elle, tout le monde est condamné au chagrin; mais vous en aurez plus qu'une autre; et souvenez-vous de ce que je vous dis, soyez bonne, parce que vous aurez beaucoup à pardonner. — Et pourquoi faudra-t-il que je pardonne? lui demandai-je encore. — Parce que vous éprouverez à pardonner le seul bonheur que vous devez avoir. » Avait-elle dans l'âme quelque secret chagrin qui la faisait parler ainsi d'une manière générale? Je ne le pense pas; elle devait être heureuse, car elle était adorée de sa famille; je croirais pourtant assez qu'elle avait été brisée dans sa jeunesse par quelque peine de cœur, qu'elle n'avait jamais révélée à personne : ou bien comprenait-elle, avec son beau et noble cœur, combien j'aimais ma mère, et combien j'aurais à souffrir dans cette affection?

Madame de Béranger et madame de Ferrières

étaient toutes deux si infatuées de leur noblesse que je ne saurais laquelle nommer la première pour l'orgueil et les grands airs. C'étaient bien les meilleurs types de *vieilles comtesses* dont ma mère pût se divertir.

Elles avaient été fort belles toutes les deux, et fort vertueuses, disaient-elles, ce qui ajoutait à leur morgue et à leur roideur. Madame de Ferrières avait encore de *beaux restes,* et n'était point fâchée de les montrer. Elle avait toujours les bras nus dans son manchon dès le matin, quelque temps qu'il fît. C'étaient des bras fort blancs et très-gras, que je regardais avec étonnement, car je ne comprenais rien à cette coquetterie surannée. Mais ces beaux bras de soixante ans étaient si flasques qu'ils devenaient tout plats quand ils se posaient sur une table, et cela me causait une sorte de dégoût. Je n'ai jamais compris ces besoins de nudité chez les vieilles femmes, surtout chez celles dont la vie a été sage. Mais c'était peut-être chez madame de Ferrières une habitude de costume ancien qu'elle ne voulait point abjurer.

Madame de Béranger, non plus que la précédente, n'était la favorite d'aucune princesse de l'ancien ou du nouveau régime[1]. Elle s'estimait trop haut placée pour cela, et elle eût dit volontiers : « C'est à

---

[1] Madame de Pardaillan était l'amie de la duchesse douairière d'Orléans.

moi d'avoir une cour, et non de faire partie de celle des autres. » Je ne sais plus de qui elle était fille, mais son mari prétendait descendre de Béranger roi d'Italie du temps des Goths; à cause de cela, sa femme et lui se croyaient des êtres supérieurs dans la création,

Et comme du fumier regardaient tout le monde.

Ils avaient été fort riches et l'étaient encore assez, quoiqu'ils se prétendissent ruinés par l'infâme révolution. Madame de Béranger ne montrait point ses bras, mais elle avait encore pour sa taille une prétention extraordinaire. Elle portait des corsets si serrés qu'il fallait deux femmes de chambres pour la sangler en lui mettant leurs genoux dans la cambrure du dos. Si elle avait été belle comme on le disait, il n'y paraissait guère, surtout avec la coiffure qu'elle portait, et qui consistait en une petite perruque blonde frisée *à l'enfant* ou *à la titus* sur toute la tête. Rien n'était si laid et si ridicule que de voir une vieille femme avec ce simulacre de tête nue et de cheveux courts, blondins et frisotés; d'autant plus pour madame de Béranger qu'elle était fort brune et qu'elle avait de grands traits. Le soir, le sang lui montait à la tête et elle ne pouvait supporter la chaleur de sa perruque; elle l'ôtait pour jouer aux cartes avec ma grand'mère, et elle restait en serre-tête noir, ce qui lui donnait l'air d'un vieux curé ; mais si l'on annonçait quelque visite, elle se hâtait de chercher sa perruque, qui souvent était par terre, ou dans sa poche, ou sur son fauteuil, elle assise dessus. On juge quels plis étranges avaient pris toutes ces mèches de petits cheveux frisés, et comme, dans sa précipitation, il lui arrivait souvent de la mettre à l'envers, ou sens devant derrière, elle offrait une suite de caricatures à travers lesquelles il m'était bien difficile de retrouver la beauté d'autrefois.

Madame de Troussebois, madame de Jasseau et les autres dont je ne me rappelle pas les noms avaient, celle-ci un menton qui rejoignait son nez, celle-là une face de momie ; la plus jeune de la collection était une chanoinesse blonde qui avait une assez belle tête sur un corps nain et diforme. Quoiqu'elle fût demoiselle, elle avait le privilége de s'appeler madame et de porter un ruban d'ordre sur sa bosse, parce qu'elle avait seize quartiers de noblesse. Il y avait aussi une baronne d'Hasfeld, ou d'Hazefeld, qui avait la tournure et les manières d'un vieux caporal Schlag ; enfin, une madame *Dubois,* la seule qui n'eût point *un nom*, et qui précisément n'avait aucun ridicule. Je ne sais plus quelle autre avait une grosse lèvre violette toujours gonflée, fendue et gercée, dont les baisers m'étaient odieux.

Il y avait aussi une madame de Maleteste, encore assez jeune, qui avait épousé un vieux mari, pauvre et grognon, uniquement pour porter le nom des Malatesta d'Italie, nom qui n'est pas bien beau, puisqu'il signifie tout bonnement *mauvaise tête,* ou plutôt *tête méchante.* Par une singulière coïncidence, cette dame passait sa vie à avoir la migraine, et comme on prononçait son nom Mal-tête, je croyais de bonne foi que c'était un sobriquet qu'on lui avait donné à cause de sa maladie et de ses plaintes continuelles. De sorte qu'un jour je lui demandai naïvement comment elle s'appelait pour de bon. Elle s'étonna et me répondit que je le savais bien. « Mais non, lui dis-je, mal de tête, mal à la tête, mal tête n'est pas un nom. — Pardon, mademoiselle, me répondit-elle fièrement, c'est un fort beau et fort grand nom. — Ma foi, je ne trouve pas, lui répondis-je. Vous devriez vous fâcher quand on vous appelle comme ça. — Je vous en souhaite un pareil! ajouta-t-elle avec emphase. — Merci, repris-je obstinément, j'aime mieux le mien. » Les autres dames, qui ne l'aimaient point, peut-être parce qu'elle était la plus jeune, se cachaient pour rire dans leurs éventails. Ma grand'mère m'imposa silence, et madame de Maleteste se retira peu de moments après, fort blessée d'une impertinence dont je ne sentais pas la portée.

Les hommes étaient l'abbé de Pernon, un doux et excellent homme, sécularisé dans toute sa personne, toujours vêtu d'un habit gris clair et la figure couverte de gros pois chiches ; l'abbé d'Andrezel, dont j'ai déjà parlé, et qui portait des *spencers* sur ses habits ; le chevalier de Vinci, qui avait un tic nerveux, grâce auquel sa perruque fortement secouée et attirée par une continuelle contraction des sourcils et des muscles frontaux quittait sa nuque et, en cinq minutes, arrivait à tomber sur son nez. Il la rattrapait juste au moment où elle abandonnait sa tête et se précipitait dans son assiette. Il la rejetait alors très en arrière sur son crâne, afin qu'elle eût plus de chemin à parcourir avant d'arriver à une nouvelle chute. Il y avait encore deux ou trois vieillards dont les noms m'échappent et me reviendront peut-être en temps et lieu.

Mais qu'on se figure l'existence d'un enfant qui n'a point sucé les préjugés de la naissance avec le lait de sa mère, au milieu de ces tristes personnages d'un enjouement glacial ou d'une gravité lugubre ! J'étais déjà très-artiste sans le savoir, artiste dans ma spécialité, qui est l'observation des personnes et des choses. Bien longtemps avant de savoir que ma vocation serait de peindre bien ou mal des caractères et de décrire des intérieurs, je subissais avec tristesse et lassitude les instincts de cette destinée. Je commençais à ne pouvoir plus m'abstraire dans mes rêveries, et malgré moi, le monde extérieur, la réalité, venait me presser de tout son poids et m'arracher aux chimères dont je m'étais nourrie dans la liberté de ma première existence. Malgré moi, je regardais et j'étudiais ces visages ravagés par la vieillesse, que ma grand'mère trouvait encore beaux par habitude, et qui me paraissaient d'autant plus affreux que je les entendais vanter dans le passé. J'analysais les expressions de physionomie, les attitudes, les manières, le vide des paroles oiseuses, la lenteur des mouvements, les infirmités, les perruques, les verrues, l'embonpoint désordonné, la maigreur cadavéreuse, toutes ces laideurs, toutes ces tristesses de la vieillesse qui choquent quand elles ne sont pas supportées avec bonhomie et simplicité. J'aimais la beauté, et sous ce rapport, la figure sereine, fraîche et indestructiblement belle de ma grand'mère ne blessait jamais mes regards ; mais, en revanche, la plupart des autres me contristaient, et leurs discours me jetaient dans un ennui profond. J'aurais voulu ne point voir, ne point entendre. Ma nature scrutatrice me forçait à regarder, à écouter, à ne rien perdre, à ne rien oublier, et cette faculté naissante redoublait mon ennui, en s'exerçant sur des objets aussi peu attrayants.

Dans la journée, quand je courais avec ma mère, je m'égayais avec elle de ce qui m'avait ennuyé la veille. Je lui faisais, à ma manière, la peinture des petites scènes burlesques dont j'avais été le silencieux et mélancolique spectateur, et elle riait aux éclats, enchantée de me voir partager son dédain et son aversion pour les *vieilles comtesses.*

Et pourtant il y avait certainement parmi ces vieilles dames des personnes d'un mérite réel, puisque ma bonne maman leur était attachée. Mais, excepté madame de Pardaillan, qui m'a toujours été sympathique, je n'étais pas en âge d'apprécier le mérite sérieux, et je ne voyais que les disgrâces ou les ridicules des solennelles personnes qui en étaient revêtues.

Madame de Maleteste avait un horrible chien qui s'appelait Azor; c'est aujourd'hui le nom classique du chien de la portière, mais toutes choses ont leur charme dans la nouveauté, et à cette époque le nom d'Azor ne paraissait ridicule que parce qu'il était porté par un vieux caniche d'une malpropreté insigne. Ce n'est pas qu'il ne fût lavé et peigné avec amour, mais sa gourmandise avait les plus tristes résultats, et sa maîtresse avait la rage de le mener partout avec elle, disant qu'il avait trop de chagrin quand elle le laissait seul. Madame de la Marlière, par contre, avait horreur des animaux, et j'avoue que ma tendresse pour les bêtes n'allait pas jusqu'à trouver trop cruel qu'elle allongeât, avec ses grands souliers pointus, de plantureux coups de pied à *Azor de Maleteste*, c'est ainsi qu'elle l'appelait. Cela fut cause d'une haine profonde entre ces deux dames. Elles disaient pis que pendre l'une de l'autre, et toutes les autres s'amusaient à les exciter. Madame de Maleteste, qui était fort pincée, lançait toutes sortes de petits mots secs et blessants. Madame de la Marlière, qui n'était pas méchante, mais vive et leste en paroles, ne se fâchait point, et l'exaspérait d'autant plus par la crudité de ses plaisanteries.

Une chose qui m'étonnait autant que le nom de madame de Maleteste, c'était ce titre d'abbé que je voyais donner à des messieurs habillés comme tout le monde, et n'ayant rien de religieux dans leurs habitudes ni de grave dans leurs manières. Ces célibataires qui allaient au spectacle et mangeaient des poulardes le vendredi saint me paraissaient des êtres particuliers dont je ne pouvais me définir le mode d'existence, et comme les *Enfants terribles* de Gavarni, je leur adressais des questions gênantes. Je me souviens qu'un jour je disais à l'abbé d'Andrezel : « Eh bien, si tu n'es pas curé, où donc est ta femme ? Et si tu es curé, où donc est ta messe ? » On trouva le mot fort spirituel et fort méchant ; je ne m'en doutais guère, j'avais fait de la critique sans le savoir, et cela m'est arrivé plus d'une fois dans la suite de ma vie. J'ai fait, par distraction ou par bêtise, des questions ou des remarques qu'on a crues bien profondes ou bien mordantes.

Comme je ne peux pas ordonner mes souvenirs avec exactitude, j'ai mis ensemble beaucoup de personnes et de détails qui ne datent peut-être pas spécialement dans ma mémoire de ce premier séjour à Paris avec ma grand'mère ; mais comme les habitudes et l'entourage de celle-ci ne changèrent pas, et que chaque séjour à Paris amena les mêmes circonstances et les mêmes visages autour de moi, je n'aurai plus à les décrire quand je poursuivrai mon récit.

Je parlerai donc ici de la famille Villeneuve, dont il a été si souvent question dans les lettres de mon père.

J'ai déjà dit que M. Dupin de Francueil, mon grand-père, ayant été marié deux fois, avait eu de sa première femme une fille qui se trouvait être par conséquent sœur de mon père et beaucoup plus âgée que lui. Elle avait été mariée à M. Valet de Villeneuve, financier, et ses deux fils, René et Auguste, étaient par conséquent les neveux de mon père, bien que l'oncle et les neveux fussent à peu près du même âge.

Quant à moi, je suis leur cousine, et leurs enfants sont mes neveux et nièces à la mode de Bretagne, bien que je sois la plus jeune de cette génération. Ce renversement de l'âge qui convient ordinairement au degré ascendant de la parenté faisait toujours un effet bizarre pour les personnes qui n'étaient pas au courant de la filiation. A présent quelques années de différence ne s'apperçoivent plus, mais quand j'étais un petit enfant et que de grands garçons et de grandes demoiselles m'appelaient *ma tante*, on croyait toujours que c'était un jeu. Par plaisanterie, mes cousins, habitués à appeler mon père leur oncle, m'appelaient leur grand'tante, et mon nom prêtant à cet amusement, toute la famille, vieux et jeunes, grands et petits, m'appelaient *ma tante Aurore*.

Cette famille demeurait alors, et a demeuré depuis pendant une trentaine d'années, dans une même maison, qui lui appartenait, rue de Grammont. C'était une nombreuse famille, comme on va voir, et dont l'union avait quelque chose de patriarcal. Au rez-de-chaussée, c'était madame de Courcelles, mère de madame de Guibert ; au premier, madame de Guibert, mère de madame René de Villeneuve, au deuxième, M. et madame René de Villeneuve avec leurs enfants. Dix ans après l'époque de ma vie que je raconte, mademoiselle de Villeneuve ayant épousé M. de la Roche-Aymon, demeura au troisième, et la vieille madame de Courcelles vivait encore sans défaillance et sans infirmités, lorsque les enfants de madame de la Roche-Aymon furent installés avec leurs bonnes au quatrième étage, ce qui faisait en réalité, avec le rez-de-chaussée, cinq générations directes vivant sous le même toit, et madame de Courcelles pouvait dire à madame de Guibert ce mot proverbial si joli : *Ma fille, va-t'en dire à ta fille, que la fille de sa fille crie.*

Toutes ces femmes s'étant mariées très-jeunes et étant toutes jolies ou bien conservées, il était impossible de deviner que madame de Villeneuve fût grand'mère et madame de Guibert arrière-grand'-mère. Quant à la trisaïeule, elle était droite, mince, propre, active. Elle montait légèrement au quatrième pour aller voir les arrière-petits-enfants de sa fille. Il était impossible de ne pas éprouver un grand respect et une grande sympathie en la voyant si forte, si douce, si calme et si gracieuse. Elle n'avait aucun travers, aucun ridicule, aucune vanité. Elle est morte sans faire de maladie, d'une indisposition subite à laquelle son grand âge ne put résister. Elle était encore dans toute la plénitude de ses facultés.

Je ne dirai rien de madame de Guibert, veuve du général de ce nom, qui a eu des talents et du mérite; je l'ai très-peu connue; elle vivait un peu à part du reste de la famille, je n'ai jamais bien su pourquoi. On la disait mariée secrètement avec Barrère. Ce devait être une personne d'idées et d'aventures étranges, mais il régnait une sorte de mystère autour d'elle, et je suis si peu curieuse que je n'ai jamais songé à m'en enquérir.

Quant à M. et madame René de Villeneuve, j'en parlerai plus tard, parce qu'ils sont liés plus directement à l'histoire de ma vie.

Auguste, frère de René, et trésorier de la ville de Paris, demeurait rue d'Anjou, dans un bel hôtel, avec ses trois enfants : Félicie, qui était un ange de beauté, de douceur et de bonté, et qui, phthisique comme sa mère, est morte jeune en Italie, où elle avait épousé le comte Balbo (le même dont les écrits et les opinions très-modérément progressifs ont fait quelque bruit en Piémont dans ces derniers temps); Louis, qui est mort aussi au sortir de l'adolescence, et Léonce, qui a été préfet de l'Indre et du Loiret sous Louis-Philippe.

Celui-là aussi était un enfant d'une charmante figure, très-spirituel et très-railleur. Je me souviens d'un bal d'enfants que donna sa mère, c'est la première et la dernière fois que je vis cette bonne et charmante Laure de Ségur, pour qui mon père avait tant de respect et d'affection. Elle portait une robe rose garnie de jacinthes, et me prit auprès d'elle sur le divan où elle était couchée, pour regarder tristement ma ressemblance avec mon père. Elle était pâle et brûlante de fièvre. Ses enfants ne pressentaient nullement qu'elle fût à la veille de mourir. Léonce se moquait de toutes ces petites filles endimanchées. Les toilettes de ce temps-là étaient parfois bien singulières, et je ne crois pas que les gravures du temps nous les aient toutes transmises. Je n'ai du moins retrouvé nulle part une robe de réseau de laine rouge à grandes mailles, un véritable filet à prendre le poisson, que Félicie avait, et qui me paraissait fantastique. Cela se portait sur une robe de dessous en satin blanc, et se terminait en bas par une frange de houppes de laine tombant de chaque maille. Cela venait d'Italie et c'était très-estimé.

Ce qui me frappa le plus, ce fut une petite fille dont je n'ai jamais su le nom, et que Léonce taquinait beaucoup. Elle était déjà coquette comme une petite femme du monde, et elle n'avait guère que mon âge, sept à huit ans. Léonce lui disait qu'elle était laide, pour la faire enrager, et elle enrageait si bien qu'elle pleurait de colère. Elle vint auprès de moi et me dit : « N'est-ce pas que c'est faux, et que je suis très-jolie? Je suis la plus jolie et la mieux habillée de tout le bal, maman l'a dit. » D'autres enfants qui étaient autour de nous, excités par l'exemple de Léonce, lui dirent qu'elle se trompait et qu'elle était la plus laide. Elle était si furieuse qu'elle faillit s'étrangler avec son collier de corail qu'elle tirait violemment autour de son cou, et qui heureusement finit par se rompre.

Je fus frappée de ce naïf dépit, de ce véritable désespoir d'enfant, comme d'une chose fort extraordinaire. Mes parents avaient dit cent fois devant moi que j'étais une superbe petite fille, et la vanité ne m'était pas venue pour cela ; je prenais cela pour un éloge donné à ma bonne conduite, car toutes les fois que j'étais méchante, on me disait que j'étais affreuse. La beauté pour les enfants me semblait donc avoir une acception purement morale. Peut-être n'étais-je point portée par nature à l'adoration de moi-même ; ce qu'il y a de certain, c'est que ma grand'mère, tout en faisant de grands efforts pour me donner le degré de coquetterie qu'elle me souhaitait, m'ôta le peu que j'en aurais pu avoir. Elle voulait me rendre gracieuse de ma personne, soigneuse de mes petites parures, élégante dans mes petites manières. J'avais eu jusque-là la grâce naturelle à tous les enfants qui ne sont point malades ou contrefaits. Mais on commençait à me trouver trop grandé pour conserver cette grâce-là, qui n'est de la grâce que parce qu'elle est l'aplomb et l'aisance de la nature. Il y avait, dans les idées de ma bonne maman, une grâce acquise, une manière de marcher, de s'asseoir, de saluer, de ramasser son gant, de tenir sa fourchette, de présenter un objet ; enfin une mimique complète qu'on devait enseigner aux enfants de très-bonne heure, afin que ce leur devînt par l'habitude une seconde nature.

Ma mère trouvait cela fort ridicule, et je crois qu'elle avait raison. La grâce tient à l'organisation, et si on ne l'a pas en soi-même, le travail qu'on fait pour y arriver augmente la gaucherie. Il n'y a rien de si affreux pour moi qu'un homme ou une femme qui se manièrent. La grâce de convention n'est bonne qu'au théâtre (précisément par la raison que j'ai donnée plus haut que la vérité dans l'art n'est pas la réalité).

Cette convention était un article de si haute importance dans la vie des hommes et des femmes de l'ancien beau monde, que les acteurs ont peine aujourd'hui, malgré toutes leurs études, à nous en donner une idée. J'ai encore connu de ces vieux êtres gracieux, et je déclare que, malgré leurs vieux admirateurs des deux sexes, je n'ai rien vu de plus ridicule et de plus déplaisant. J'aime cent fois mieux un laboureur à sa charrue, un bûcheron dépeçant un arbre, une lavandière enlevant sa corbeille sur sa tête, un enfant se roulant par terre avec ses compagnons. Les animaux d'une belle structure sont des modèles de grâce. Qui apprend au cheval ses grands airs de cygne, ses attitudes fières, ses mouvements larges et souples, et à l'oiseau ses indescriptibles gentillesses, et au jeune chevreau ses danses et ses bonds inimitables? Fi de cette vieille grâce qui consistait à prendre avec art une prise de tabac et à porter avec prétention un habit brodé, une robe à queue, une épée ou un éventail! Les belles dames espagnoles manient ce dernier jouet avec une grâce indicible, nous dit-on, et c'est un art chez elles. C'est vrai, mais leur nature s'y prête. Les paysannes espagnoles dansent le boléro mieux que nos actrices de l'Opéra, et leur grâce ne leur vient que de leur belle organisation, qui porte son instinct avec elle.

La grâce, comme on l'entendait avant la révolution, c'est-à-dire la fausse grâce, fît donc le tourment de mes jeunes années. On me reprenait sur tout, et je ne faisais plus un mouvement qui ne fût critiqué. Cela me causait une impatience continuelle, et je disais souvent : « Je voudrais être un bœuf ou un âne ; on me laisserait marcher à ma guise et brouter comme je l'entendrais, au lieu qu'on veut faire de moi un chien savant, m'apprendre à marcher sur les pieds de derrière et à donner la patte. »

A quelque chose malheur est bon, car c'est peut-être à l'aversion que cette petite persécution de tous les instants m'inspira pour le maniéré que je dois d'être restée naturelle dans mes idées et dans mes sentiments. Le faux, le guindé, l'affecté me sont antipathiques, et je les devine, même quand l'habileté les a couverts du vernis d'une fausse simplicité. Je ne puis voir le beau et le bon que dans le vrai et le simple, et plus je vieillis, plus je crois avoir raison de vouloir cette condition, avant toutes les autres, dans les caractères humains, dans les œuvres de l'esprit et dans les actes de la vie sociale.

Et puis je voyais fort bien que cette prétendue grâce, eût-elle été vraiment jolie et séduisante, était un brevet de maladresse et de débilité physique. Toutes ces belles dames et tous ces beaux messieurs, qui savaient si bien marcher sur des tapis et faire la révérence, ne savaient pas faire trois pas sur la terre du bon Dieu sans être accablés de fatigue. Ils ne savaient même pas ouvrir et fermer une porte, et ils n'avaient pas la force de soulever une bûche pour la mettre dans le feu. Il leur fallait des domestiques pour leur avancer un fauteuil. Ils ne pouvaient pas entrer et sortir tout seuls. Qu'eussent-ils fait de leur grâce sans leurs valets pour leur tenir lieu de bras, de mains et de jambes? Je pensais à ma mère qui, avec des mains et des pieds plus mignons que les leurs, faisait deux ou trois lieues le matin dans la campagne avant son déjeuner, et qui remuait de grosses pierres ou poussait la brouette aussi facilement qu'elle maniait une aiguille ou un crayon. J'aurais mieux aimé être une laveuse de vaisselle qu'une vieille marquise comme celles que j'étudiais chaque jour en bâillant dans une atmosphère de vieux musc!

O écrivains d'aujourd'hui, qui maudissez sans cesse la grossièreté de notre temps et qui pleurez sur les ruines de tous ces vieux chiffons, vous qui avez créé, en ces temps de royauté constitutionnelle et de démocratie bourgeoise, une littérature toute poudrée à l'image des nymphes de Trianon, je vous félicite de n'avoir point passé votre heureuse enfance dans ces décombres de l'ancien bon ton. Vous avez été moins ennuyés que moi, ingrats, qui reniez le présent et l'avenir, penchés sur l'urne d'un passé charmant que vous n'avez connu qu'en peinture!

CHAPITRE TROISIÈME

Idée d'une loi morale réglementaire des affections. — Retour à Nohant. — La Brande. — Bivouac dans une patache. — La maison de refuge — Année de bonheur. — Apogée de la puissance impériale. — Commencements de trahison. — Propos et calomnies des salons. — Première communion de mon frère. — Notre vieux curé; sa gouvernante; ses sermons. — Son voleur; sa jument; sa mort. — Les méfaits de l'enfance. — Le faux Deschartres. — **La dévotion de ma mère.** — J'apprends le français et le latin.

Je m'ennuyais beaucoup, et pourtant je n'étais pas encore malheureuse; j'étais fort aimée, et ce n'est pas là ce qui m'a manqué dans ma vie. Je ne me plains donc pas de cette vie, malgré toutes ses douleurs; car la plus grande doit être de ne point inspirer les affections qu'on éprouve. Mon malheur et ma destinée furent d'être blessée et déchirée précisément par l'excès de ces affections qui manquaient tantôt de clairvoyance ou de délicatesse, tantôt de justice ou de modération. Un de mes amis, homme d'une grande intelligence, faisait souvent une réflexion qui m'a toujours paru très-frappante, et il la développait ainsi : « On a fait des règles et des lois morales pour corriger ou développer les instincts, disait-il ; mais on n'en a point fait pour diriger et éclairer les sentiments. Nous avons des religions et des philosophies pour régler nos appétits et réprimer nos passions ; les devoirs de l'âme nous sont bien enseignés d'une manière élémentaire ; mais l'âme a toutes sortes d'élans qui donnent toutes sortes de nuances et d'aspects particuliers à ses affections. Elle a des puissances qui dégénèrent en excès, des défaillances qui deviennent des maladies. Si vous consultez vos amis, si vous cherchez un remède dans les livres, vous aurez différents avis et des jugements contradictoires : preuve qu'il n'y a pas de règle fixe pour la morale des affections même les plus légitimes, et que chacun, livré à lui-même, juge à son point de vue l'état moral de celui qui lui demande conseil ; conseil qui ne sert à rien, d'ailleurs, qui ne guérit aucune souffrance et ne corrige aucun travers. Par exemple, je ne vois pas où est le *catéchisme de l'amour,* et pourtant l'amour, sous toutes les formes, domine notre vie entière : amour filial, amour fraternel, amour conjugal, amour paternel ou maternel, amitié, bienfaisance, charité, philanthropie, l'amour est partout, il est notre vie même. Eh bien, l'amour échappe à toutes les lois, à toutes les directions, à tous les conseils, à tous les exemples, à tous les préceptes. Il n'obéit qu'à lui-même et il devient tyrannie, jalousie, soupçon, exigence, obsession, inconstance, caprice, volupté ou brutalité, chasteté ou ascétisme, dévouement sublime ou égoïsme farouche, le plus grand des biens, le plus grand des maux, suivant la nature de l'âme qu'il remplit et possède. N'y aurait-il pas un *catéchisme* à faire pour rectifier les excès de l'amour, car l'amour est excessif de sa nature, et il l'est souvent d'autant plus qu'il est plus chaste et plus sacré.

» Souvent les mères rendent leurs enfants malheureux à force de les aimer, impies à force de les vouloir religieux, téméraires à force de les vouloir prudents, ingrats à force de les vouloir tendres et reconnaissants. Et la jalousie conjugale ! où sont ses limites permises d'atteindre, défendues de dépasser? Les uns prétendent qu'il n'y a pas d'amour sans jalousie, d'autres que le véritable amour ne connaît pas le soupçon et la méfiance. Où est sous ce rapport la règle de conscience qui devrait nous enseigner à nous observer, à nous guérir nous-mêmes, à nous ranimer quand notre enthousiasme s'éteint, à le réprimer quand il s'emporte au delà du possible? Cette règle, l'homme ne l'a pas encore trouvée ; voilà pourquoi je dis que nous vivons comme des aveugles, et que si les poëtes ont mis un bandeau sur les yeux de l'Amour, les philosophes n'ont pas su le lui ôter. »

Ainsi parlait mon ami, et il mettait le doigt sur

mes plaies; car toute ma vie j'ai été le jouet des passions d'autrui, par conséquent leur victime. Pour ne parler que du commencement de ma vie, ma mère et ma grand'mère, avides de mon affection, s'arrachèrent les lambeaux de mon cœur. Ma bonne elle-même ne m'opprima et ne me maltraita que parce qu'elle m'aimait avec excès et me voulait parfaite, selon ses idées.

Dès les premiers jours du printemps, nous fîmes les paquets pour retourner à la campagne, j'en avais grand besoin. Soit trop de bien-être, soit l'air de Paris, qui ne m'a jamais convenu, je redevenais languissante et je maigrissais à vue d'œil. Il n'aurait pas fallu songer à me séparer de ma mère; je crois qu'à cette époque, ne pouvant avoir le sentiment de la résignation et la volonté de l'obéissance, j'en serais morte. Ma bonne maman invita donc ma mère à revenir avec nous à Nohant, et comme je montrais à cet égard une inquiétude qui inquiétait les autres, il fut convenu que ma mère me conduirait avec elle, et que Rose nous accompagnerait, tandis que la grand'mère irait de son côté avec Julie. On avait vendu la grande berline, et on ne l'avait encore remplacée, vu un peu de gêne dans les finances, que par une voiture à deux places.

Je n'ai point parlé dans ce qui précède de mon oncle Maréchal, ni de sa femme, ma bonne tante Lucie, ni de leur fille, ma chère Clotilde. Je ne me rappelle rien de particulier sur eux dans cette période de temps. Je les voyais assez souvent, mais je ne sais plus où ils demeuraient. Ma mère m'y conduisait, et même quelquefois ma grand'mère, qui recevait d'eux et qui leur rendait de rares visites. Les manières franches et ouvertes de ma tante ne lui plaisaient pas beaucoup, mais elle était trop juste pour ne pas reconnaître l'amitié vraie qu'elle avait eue pour mon père, et les excellentes et solides qualités du mari et de la femme.

J'eus donc le plaisir de demeurer deux ou trois jours avec ma mère et Caroline, dans une intimité de tous les moments. Puis ma pauvre sœur retourna en pleurant à sa pension, où l'on mit, je crois, Clotilde avec elle pendant quelque temps pour la consoler, et nous partîmes.

Nous eûmes une aventure fort classique avant d'arriver à Nohant, et je la raconterai pour montrer combien l'état des routes et la physionomie du pays ont changé depuis une quarantaine d'années dans certaines parties de la France.

Entre Châteauroux et Nohant recommence une espèce de Sologne qui se prolonge jusqu'à l'entrée de la vallée Noire. C'est beaucoup moins pauvre et moins laid que la Sologne, surtout aujourd'hui que presque tous les abords de la route sont cultivés. D'ailleurs le terrain a quelque mouvement, et derrière les grandes nappes de bruyère on retrouve presque partout les horizons bleus des terres fertiles au centre desquelles s'étend ce petit désert. Le voisinage de ces terres combat l'insalubrité des landes, et si la végétation et le bétail y sont plus pâles et plus maigres que dans notre vallée, du moins ne sont-ils pas mourants comme dans les pays stériles d'une grande étendue. Ce désert, car il est à peine semé de quelques fermes et de quelques chaumières aujourd'hui, et à l'époque de mon récit il n'en comptait pas une seule, est appelé dans le pays *la Brande*. Vers l'extrémité qui regarde Châteauroux est une bourgade qu'on appelle *Ardentes*. Est-ce à cause des forges qui y existaient déjà du temps des Romains? et les landes environnantes étaient-elles alors couvertes de forêts qu'on aurait peu à peu brûlées pour la consommation de ces forges? Ces deux noms le feraient croire. A moins encore qu'un vaste incendie n'ait dévoré jadis et les bois et la bourgade.

Quoi qu'il en soit, la Brande était encore, au temps dont je parle, un cloaque impraticable et un sol complétement abandonné. Il n'y avait point de route tracée, ou plutôt il y en avait cent, chaque charrette ou patache essayant de se frayer une voie plus sûre et plus facile que les autres dans la saison des pluies. Il y en avait bien une qui s'appelait la route ; mais, outre que c'était la plus gâtée, elle n'était pas facile à suivre au milieu de toutes celles qui la croisaient. On s'y perdait continuellement, et c'est ce qui nous arriva.

Arrivés à Châteauroux, où cessait à cette époque toute espèce de diligences, nous déjeunâmes chez M. Duboisdoin, un vieux et excellent ami de ma grand'mère, qui avait été employé au service de la recette générale par mon grand-père M. Dupin, et qui avait conservé pour nous un vif attachement. C'était un aimable et heureux petit vieillard, sec, robuste et enjoué. Il a eu une longévité extraordinaire sans infirmités. A quatre-vingt-deux ans il venait en été de Châteauroux à Nohant à pied, c'est-à-dire qu'il faisait ainsi neuf lieues pour nous voir, son habit au bout de sa canne placée sur son épaule, comme un jeune compagnon du tour de France. Il sautait les fossés, il courait, il dansait, il bêchait et travaillait tout seul son jardin, qui était admirable de fleurs et de fruits. Il nous fit une réception charmante, nous retint longtemps à table, nous promena dans son enclos, où il ne nous fit grâce ni d'une violette ni d'un abricotier en fleur, si bien que le jour tombait lorsque nous montâmes dans une patache de louage, conduite par un gamin de douze ou treize ans, et traînée par une pauvre haridelle très-efflanquée.

Je crois bien que notre automédon n'avait jamais traversé la Brande, car lorsqu'il se trouva à la nuit close dans ce labyrinthe de chemins tourmentés, de flaques d'eau et de fougères immenses, le désespoir le prit, et, abandonnant son cheval à son propre instinct, il nous promena au hasard pendant cinq heures dans le désert.

Je disais tout à l'heure qu'il n'y avait alors aucune habitation dans la Brande. Je me trompais, il y en avait une, et c'était le point de concours qu'il s'agissait de trouver dans la perspective, pour se diriger ensuite sur la vallée Noire avec quelque chance de succès. On appelait cette maisonnette la maison du Jardinier, par ce qu'elle était occupée par un ancien jardinier du Magnier, romantique château situé à une lieue de là, à la lisière de la Brande et de la vallée Noire, mais dans une autre direction que celle de Nohant.

Or la nuit était sombre, et nous avions beau chercher cette introuvable maison du Jardinier, nous n'en approchions pas; ma mère avait une peur affreuse que nous ne fussions tombés dans la direction et dans le voisinage des bois de Saint-Aoust, qu'elle redoutait fort, parce que, dans sa pensée, l'idée des voleurs était infailliblement associée à celle des bois, n'eussent-ils eu qu'un arpent d'étendue.

Le danger n'était pas là. Outre qu'il n'y a jamais eu de brigands dans notre pays, le peu de voyageurs qui fréquentaient alors les chemins perdus de la Brande ne leur aurait pas promis une riche existence. Le véritable danger était de verser et de rester dans quelque trou. Heureusement celui que nous rencontrâmes vers le minuit était à sec ; il était profond, et nous échouâmes dans le sable si complétement, que rien ne put décider le cheval à nous en tirer. Il fallut y renoncer ; alors le gamin dételant sa bête, montant dessus et jouant des talons, nous souhaita une bonne nuit, et, sans s'inquiéter davantage des remontrances de ma mère et des menaces énergiques de Rose, disparut et se perdit dans la nuit ténébreuse.

Nous voilà donc en pleine lande à la belle étoile, ma mère consternée, Rose jurant après le gamin, et moi pleurant à cause de l'inquiétude et de la contrariété que ma mère éprouvait, ce qui mettait mon âme en détresse.

J'avais peur aussi, et ce n'était ni de la nuit, ni des voleurs, ni de la solitude. J'étais épouvantée par le chant des grenouilles qui habitent encore aujourd'hui par myriades les marécages de ces landes. En de certaines nuits de printemps et d'automne, elles poussent de concert une telle clameur sur toute l'étendue de ce désert, que l'on ne s'entend point parler, et que cela ajoute à la difficulté de s'appeler et de se retrouver, si, en s'égarant, on se sépare de ses compagnons de route. Cet immense croassement me portait sur les nerfs et remplissait mon imagination d'alarmes inexplicables. En vain Rose se moquait de moi et m'expliquait que c'était un chant de grenouilles, je n'en croyais rien ; je rêvais d'esprits malfaisants, de fadets et de gnomes irrités contre nous, qui troublions la solitude de leur empire.

Enfin Rose ayant jeté des pierres dans toutes les eaux et dans toutes les herbes environnantes pour faire taire ces symphonistes inexorables, réussit à causer avec ma mère et à la tranquilliser sur les suites de notre aventure. On me coucha au fond de la patache, où je ne tardai pas à m'endormir ; ma mère n'essaya pas d'en faire autant, mais elle devisait assez gaiement avec Rose, lorsque, vers les deux heures du matin, je fus éveillée par une alerte. Un globe de feu paraissait à l'horizon. D'abord Rose prétendit que c'était la lune qui se levait, mais ma mère pensait que c'était un météore et croyait voir qu'il se dirigeait rapidement sur nous.

Au bout de quelques instants on reconnut que c'était une sorte de fanal qui venait effectivement de notre côté, non sans faire beaucoup de zigzags et témoigner de l'incertitude d'une recherche. Enfin on distingua des bruits de voix et le pas des chevaux. Ma mère voulut encore se persuader que c'étaient des voleurs et que nous devions fuir et nous cacher dans les broussailles pendant qu'ils pilleraient la patache ; mais Rose lui démontra que c'était au contraire des gens charitables qui venaient

CHAPITRE TROISIÈME.

à notre secours, et elle courut au-devant d'eux pour s'en assurer.

En effet, c'était le bon jardinier de la Brande qui, comme un pilote habitué à de fréquents sauvetages, arrivait avec ses fils, ses chevaux, et la chandelle de résine entourée d'un grand papier huilé et lié au bout d'une perche, sorte de phare qui avertissait de loin les naufragés de la Brande. Notre gamin n'avait pas été aussi égoïste et aussi maladroit que nous l'avions pensé. Il avait réussi à trouver la maison de refuge et il revenait avec les hôtes pour les aider à nous retrouver aussi. En un instant ils remirent la patache sur pied, ils y attachèrent deux forts chevaux de labour, les premiers défricheurs peut-être qui aient enfoncé le soc de la charrue dans la Brande, et ils nous amenèrent chez eux, où la mère de famille nous attendait et nous avait préparé un souper rustique, un bon feu et des lits. Ce fut une fête pour nous de manger et de dormir dans cette chaumière où ronflaient d'autres enfants que notre arrivée ne dérangea pas le moins du monde. Les gros draps bien blancs, les baldaquins de serge jaune, le chant des coqs, la gaieté du feu de bruyère sèche, et surtout l'hospitalité du paysan, nous charmèrent, et le soleil était déjà haut quand nous repartîmes pour Nohant dans la patache avec un cheval de renfort et un guide.

Ce n'était pas un secours inutile, car le reste du

voyage, jusqu'à l'entrée de la vallée Noire (deux lieues à parcourir), nous prit trois grandes heures, à cause des innombrables détours qu'il fallait faire pour ne point rencontrer les fondrières ; enfin il était midi quand nous arrivâmes à Nohant, et nous étions partis de Châteauroux la veille au coucher du soleil. Aujourd'hui nous faisons cette promenade avec un bon cheval, sur une route magnifique, en deux heures.

Cette portion de l'année 1811 passée à Nohant fut, je crois, une des rares époques de ma vie où je connus le bonheur complet. J'avais été heureuse comme cela rue Grange-Batelière, quoique je n'eusse ni grands appartements ni grands jardins. Madrid avait été pour moi une campagne émouvante et pénible ; l'état maladif que j'en avais rapporté, la catastrophe survenue dans ma famille par la mort de mon père, puis cette lutte entre mes deux mères, qui avait commencé à me révéler l'effroi et la tristesse, c'était déjà un apprentissage du malheur et de la souffrance. Mais le printemps et l'été de 1811 furent sans nuages, et la preuve, c'est que cette année-là ne m'a laissé aucun souvenir particulier. Je sais qu'Ursule la passa avec moi, que ma mère eut moins de migraines que précédemment, et que s'il y eut de la mésintelligence entre elle et ma bonne maman, cela fut si bien caché que j'oubliai qu'il pouvait y en avoir et qu'il y en avait eu. Il est probable que ce fut aussi le moment de leur vie où elles s'entendirent le mieux, car ma mère n'était pas femme à cacher ses impressions. Cela était au-dessus de ses forces, et quand elle était irritée, la présence même de ses enfants ne pouvait l'engager à se contenir.

Il y eut aussi dans la maison un peu plus de gaieté qu'auparavant. Le temps n'endort pas les grandes douleurs, mais il les assoupit. Presque tous les jours pourtant je voyais l'une ou l'autre de mes deux mères pleurer à la dérobée, mais leurs larmes mêmes prouvaient qu'elles ne pensaient plus à toute heure, à tout instant, à l'objet de leurs regrets. Les douleurs, dans leur plus grande intensité, n'ont pas de crises : elles agissent dans une crise permanente pour ainsi dire.

Madame de la Marlière vint passer un mois ou deux chez nous. Elle était fort amusante avec Deschartres, qu'elle appelait *petit père* et qu'elle taquinait du matin au soir. Elle n'avait pas, à coup sûr, autant d'esprit que ma mère, mais il n'y avait jamais de bile dans ses plaisanteries. Elle avait de l'amitié pour Deschartres sans être hostile à ma mère, à qui elle donnait même toujours raison. Cette vieille femme légère était bonne, facile à vivre, impatientante seulement par son caquet, son bruit, son mouvement, ses éclats de rire retentissants, ses bons mots un peu répétés et le peu de suite de ses propos comme de ses idées. Elle était d'une ignorance fabuleuse, malgré le brillant et le mordant de son caquet. C'était elle qui disait une *épître à l'âme* au lieu d'un épithalame, et *Mistouflé* pour Méphistophélès. Mais on pouvait se moquer d'elle sans la fâcher ; elle riait aux éclats de ses bévues, et c'était d'aussi bon cœur que quand elle riait de celles des autres.

Les petits jardins, les grottes, les bancs de gazon, les cascades allèrent leur train pendant toute la belle saison. Le parterre du vieux poirier, qui marquait à notre insu la sépulture de mon petit frère, reçut de notables améliorations. Un tonneau plein d'eau fut placé à côté, afin que nous pussions nous livrer aux travaux de l'arrosage. Un jour je tombai la tête la première dans ce tonneau, et je m'y serais noyée si Ursule ne fût venue à mon secours.

Nous avions chacune notre petit jardin dans le jardin de ma mère, qui était lui-même si petit qu'il aurait bien dû nous suffire ; mais un certain esprit de propriété est tellement inné dans l'être humain qu'il faut à l'enfant quatre pieds carrés de terre pour qu'il aime réellement cette terre cultivée par lui, et dont l'étendue est proportionnée à ses forces. Cela m'a toujours fait penser que, quelque communiste qu'on pût être, on devait toujours reconnaître une propriété individuelle. Qu'on la restreigne ou qu'on l'étende dans une certaine mesure, qu'on la définisse d'une manière ou d'une autre, selon le génie ou les nécessités des temps, il n'en est pas moins certain que la terre que l'homme cultive lui-même lui est aussi personnelle que son vêtement. Sa chambre ou sa maison est encore un vêtement, son jardin ou son champ est le vêtement de sa maison, et ce qu'il y a de remarquable, c'est que cette observation des instincts naturels qui constate le besoin de la propriété dans l'homme semble exclure le besoin d'une grande étendue de propriété. Plus la propriété est petite, plus il s'y attache, mieux il la soigne, plus elle lui devient chère. Un noble vénitien ne tient certainement pas à son palais autant qu'un paysan du Berry à sa chaumière, et le capitaliste qui possède plusieurs lieues carrées en retire infiniment moins de jouissances que l'artisan qui cultive une giroflée dans sa mansarde. Un avocat de mes amis disait un jour en riant à un riche client qui lui parlait à satiété de ses domaines : « Des terres ? Vous croyez qu'il n'y a que vous pour avoir des terres ! j'en ai aussi, moi, sur ma fenêtre, dans des pots à fleurs ; et elles me donnent plus de plaisirs et moins de soucis que les vôtres. » Depuis, cet ami a fait un gros héritage ; il a eu des terres, des bois, des fermes, et des soucis par conséquent.

En abordant l'idée communiste, qui a beaucoup de grandeur parce qu'elle a beaucoup de vérité, il faudrait donc commencer par distinguer ce qui est essentiel à l'existence complète de l'individu de ce qui est essentiellement collectif, dans sa liberté, dans son travail. Voilà pourquoi le communisme absolu, qui est la notion élémentaire, par conséquent grossière et excessive, de l'égalité vraie, est une chimère ou une injustice.

Mais je ne pensais guère à tout cela il y a trente-sept ans [1] ! Trente-sept ans ! Quelles transformations s'opèrent dans les idées humaines pendant ce court espace, et combien les changements sont plus frappants et plus rapides à proportion dans les masses que chez les individus ! Je ne sais pas s'il existait un communiste il y a trente-sept ans. Cette idée, aussi vieille que le monde, n'avait pas pris un nom particulier, et c'est peut-être un tort qu'elle en ait pris un de nos jours, car ce nom n'exprime pas complétement ce que devrait être l'idée.

On n'en était pas alors à discuter sur de semblables matières. C'était la dernière, la plus brillante phase du règne de l'individualité. Napoléon était dans toute sa gloire, dans toute sa puissance, dans toute la plénitude de son influence sur le monde. Le flambeau du génie allait décroître. Il jetait sa plus vive lueur, sa clarté la plus éblouissante sur la France ivre et prosternée. Des exploits grandioses avaient conquis une paix opulente, glorieuse, mais

[1] 1848.

fictive ; car le volcan grondait sourdement dans toute l'Europe, et les traités de l'empereur ne servaient qu'à donner le temps aux anciennes monarchies de rassembler des hommes et des canons. Sa grandeur cachait son vice originel, cette profonde vanité aristocratique du parvenu qui lui fit commettre toutes ses fautes et rendit de plus en plus inutile au salut de la France la beauté du génie et du caractère de l'homme en qui la France se personnifiait. Oui, c'était un admirable caractère d'homme, puisque la vanité même, le plus mesquin, le plus pleutre des travers, n'avait pu altérer en lui la loyauté, la confiance, la magnanimité naturelles. Hypocrite dans les petites choses, il était naïf dans les grandes. Orgueilleux dans les détails, exigeant sur des misères d'étiquette, et follement fier du chemin que lui avait fait faire la fortune, il ne connaissait pas son propre mérite, sa vraie grandeur. Il était modeste à l'égard de son vrai génie.

Toutes les fautes qui ont précipité sa chute, comme homme de guerre et comme homme d'État, sont venues d'une trop grande confiance dans le talent ou dans la probité des autres. Il ne méprisait pas l'espèce humaine, comme on l'a dit, pour n'estimer que lui-même : c'est là un propos de courtisan dépité, ou d'ambitieux secondaire jaloux de sa supériorité. Il s'est confié toute sa vie à des traîtres. Toute sa vie il a compté sur la foi des traités, sur la reconnaissance de ses obligés, sur le patriotisme de ses créatures. Toute sa vie il a été joué ou trahi.

Son mariage avec Marie-Louise était une mauvaise action et devait lui porter malheur. Les gens les plus simples et les plus tolérants sur la loi du divorce, ceux même qui aimaient le plus l'empereur disaient tout bas, je m'en souviens bien : « *C'est un mariage d'intérêt,* on ne répudie pas une femme qu'on aime et dont est aimé. »

Il n'y aura, en effet, jamais de loi qui sanctionne moralement une séparation pleurée de part et d'autre et qui s'accomplit seulement en vue d'un intérêt matériel. Mais, tout en blâmant l'empereur, on l'aimait encore parmi le peuple. Les grands commençaient à le trahir, et jamais ils ne l'avaient tant adulé. Le beau monde était en fête. La naissance d'un enfant roi (car ce n'eût pas été assez pour l'orgueil du soldat de fortune que de lui donner le titre de Dauphin de France) avait jeté la petite bourgeoisie, les soldats, les ouvriers et les paysans dans l'ivresse. Il n'y avait pas une maison, riche ou pauvre, palais ou cabane, où le portrait du marmot impérial ne fût inauguré avec une vénération feinte ou sincère. Mais les masses étaient sincères, elles le sont toujours. L'empereur se promenait à pied, sans escorte, au milieu de la foule. La garnison de Paris était de douze cents hommes.

Pourtant la Russie armait, Bernadotte donnait le

signal d'une immense et mystérieuse trahison. Les esprits un peu clairvoyants voyaient venir l'orage. La cherté des denrées frappées par le blocus continental effrayait et contrariait les petites gens. On payait le sucre six francs la livre, et, au milieu de l'opulence apparente de la nation, on manquait de choses fort nécessaires à la vie. Nos fabriques n'avaient pas encore atteint le degré de perfectionnement nécessaire à cet isolement de notre commerce. On souffrait d'un certain malaise matériel, et quand on était las de s'en prendre à l'Angleterre, on s'en prenait au chef de la nation, sans amertume, il est vrai, mais avec tristesse.

Ma grand'mère n'avait point d'enthousiasme pour l'empereur. Mon père n'en avait pas eu beaucoup non plus, comme on l'a vu dans ses lettres. Pourtant, dans les dernières années de sa vie, il avait pris de l'affection pour lui. Il disait souvent à ma mère : « J'ai beaucoup à me plaindre de lui, non pas parce qu'il ne m'a pas placé d'emblée aux premiers rangs ; il avait bien autre chose en tête, et il n'a pas manqué de gens plus heureux, plus habiles et plus hardis à demander que moi ; mais je me plains de lui parce qu'il aime les courtisans et que ce n'est pas digne d'un homme de sa taille. Pourtant, malgré ses torts envers la révolution et envers lui-même, je l'aime. Il y a en lui quelque chose, je ne sais quoi, son génie à part, qui me force à être ému quand mon regard rencontre le sien. Il ne me fait pas peur du tout, et c'est à cela que je sens qu'il vaut mieux que les airs qu'il se donne. »

Ma grand'mère ne partageait pas cette sympathie secrète qui avait gagné mon père, et qui, jointe à la loyauté de son âme, à la chaleur de son patriotisme, l'eût certainement empêché, je ne dis pas seulement de trahir l'empereur, mais même de se rallier après coup au service des Bourbons. Il fallait que cela fût bien certain d'après son caractère, puisque après la campagne de France, ma grand'mère, toute royaliste qu'elle était devenue, disait en soupirant : « Ah! si mon pauvre Maurice avait vécu, il ne m'en faudrait pas moins le pleurer à présent! Il se serait fait tuer à Waterloo ou sous les murs de Paris, ou bien il se serait brûlé la cervelle en voyant entrer les Cosaques. » Et ma mère disait la même chose de son côté.

Pourtant ma grand'mère redoutait l'empereur plus qu'elle ne l'aimait. A ses yeux c'était un ambitieux sans repos, un tueur d'hommes, un despote par caractère encore plus que par nécessité. Les plaintes, les critiques, les calomnies, les révélations fausses ou vraies ne remplissaient pas alors les colonnes des journaux. La presse était non pas seulement musclée, mais avilie. Elle n'était pas forcée seulement de se taire, elle était jalouse de s'humilier et d'aduler la puissance. Cette absence de polémique donnait aux conversations et aux préoccupations des particuliers un caractère de partialité et de commérage extraordinaire. La louange officielle a fait plus de mal à Napoléon que ne lui en eussent fait vingt journaux hostiles. On était las de ces dithyrambes ampoulés, de ces bulletins emphatiques, de la servilité des fonctionnaires et de la morgue mystérieuse des courtisans. On s'en vengeait en rabaissant l'idole dans l'impunité des causeries intimes, et les salons récalcitrants étaient des officines de délations, de propos d'antichambre, de petites calomnies, de petites anecdotes qui devaient plus tard rendre la vie à la presse, sous la restauration. Quelle vie ! Mieux eût valu rester morte que de ressusciter ainsi, en s'acharnant sur le cadavre de l'empire vaincu et profané.

La chambre à coucher de ma grand'mère (car, je l'ai dit, elle ne tenait pas salon, et sa société avait un caractère d'intimité solennelle) fût devenue une de ces officines si, par son esprit et son grand sens, la maîtresse du logis n'eût fait de temps en temps ouvertement la part du vrai et du faux dans les nouvelles que chacun ou plutôt chacune y apportait ; car c'était une société de femmes plutôt que d'hommes, et, au reste, il y avait peu de différence morale entre les deux sexes, les hommes y faisant l'office de vieilles bavardes. Chaque jour on nous apportait quelque méchant bon mot de M. de

Talleyrand contre son maître, ou quelque cancan de coulisses. Tantôt l'empereur avait battu l'impératrice, tantôt il avait arraché la barbe du saint-père. Et puis il avait peur, il était toujours plastronné. Il fallait bien dire cela pour se venger de ce que personne ne songeait plus à l'assassiner, si ce n'est quelque intrépide et fanatique enfant de la Germanie, comme Stabs ou la Sahla. Un autre jour, il était fou, il avait craché au visage de M. Cambacérès. Et puis son fils, arraché par le forceps au sein maternel, était mort en voyant la lumière, et le petit roi de Rome était l'enfant d'un boulanger de Paris. Ou bien, le forceps ayant déprimé son cerveau, il était infailliblement crétin, et l'on se frottait les mains, comme si, en rétablissant l'hérédité au profit d'un soldat de fortune, la France devait être punie par la Providence de n'avoir pas su conserver ses crétins légitimes.

Mais ce qu'il y a de remarquable, c'est qu'au milieu de tous ces déchaînements sournois contre l'empereur, il n'y avait pas un regret, pas un souvenir, pas un vœu pour les Bourbons exilés. J'écoutais avec stupeur tous ces propos ; jamais je n'entendis prononcer le nom des prétendants inconnus qui trônaient à huis clos on ne savait où, et quand ces noms frappèrent mes oreilles en 1814, ce fut pour la première fois de ma vie.

Ces commérages ne nous suivaient pas à Nohant,

si ce n'est dans quelques lettres que ma grand'mère recevait de ses nobles amies. Elle les lisait tout haut à ma mère, qui haussait les épaules, et à Deschartres, qui les prenait pour paroles d'Évangile, car l'empereur était sa bête noire et il le tenait fort sérieusement pour un cuistre.

Ma mère était comme le peuple, elle admirait et adorait l'empereur à cette époque. Moi, j'étais comme ma mère et comme le peuple. Ce qu'il ne faut jamais oublier ni méconnaître, c'est que les cœurs naïvement attachés à cet homme furent ceux qu'aucune reconnaissance personnelle et aucun intérêt matériel ne lièrent à ses désastres ou à sa fortune. Sauf de bien rares exceptions, tous ceux qu'il avait comblés furent ingrats. Tous ceux qui ne songèrent jamais à lui rien demander lui tinrent compte de la grandeur de la France.

Je crois que ce fut cette année-là ou la suivante qu'Hippolyte fit sa première communion. Notre paroisse étant supprimée, c'est à Saint-Chartier que se font les dévotions de Nohant. Mon frère fut habillé de neuf ce jour-là. Il eut des culottes courtes, des bas blancs et un habit-veste en drap vert billard. Il était si enfant que cette toilette lui tournait la tête, et que s'il réussit à se tenir sage pendant quelques jours, ce fut dans la crainte, en manquant sa première communion, de ne pas endosser ce costume splendide qu'on lui préparait.

C'était un excellent homme que le vieux curé de Saint-Chartier, mais dépourvu de tout idéal religieux. Quoiqu'il eût un *de* devant son nom, je crois qu'il était paysan de naissance, ou bien, à force de vivre avec les paysans, il avait pris leurs façons et leur langage, à tel point qu'il pouvait les prêcher sans qu'ils perdissent un mot de son sermon; ce qui eût été un bien si ses sermons eussent été un peu plus évangéliques; mais il n'entretenait ses fidèles que d'affaires de ménage, et c'était avec un abandon plein de bonhomie qu'il leur disait en chaire : « Mes
» chers amis, voilà que je reçois un mandement de
» l'archevêque qui nous prescrit encore une proces-
» sion. Monseigneur en parle bien à son aise ! Il a
» un beau carrosse pour porter Sa Grandeur, et un
» tas de personnages pour se donner du mal à sa
» place; mais moi, me voilà vieux, et ce n'est pas
» une petite besogne que de vous ranger en ordre
» de procession. La plupart de vous n'entendent ni
» à *hue* ni à *dia*. Vous vous poussez, vous vous mar-
» chez sur les pieds, vous vous bousculez pour en-
» trer ou sortir de l'église, et j'ai beau me mettre
» en colère, jurer après vous, vous ne m'écoutez
» point, et vous vous comportez comme des veaux
» dans une étable. Il faut que je sois à tout dans ma
» paroisse et dans mon église. C'est moi qui suis
» obligé de faire toute la police, de gronder les en-
» fants et de chasser les chiens. Or je suis las de

» toutes ces processions qui ne servent à rien du
» tout pour votre salut et pour le mien. Le temps
» est mauvais, les chemins sont gâtés, et si Mon-
» seigneur était obligé de patauger comme nous
» deux heures dans la boue avec la pluie sur le dos,
» il ne serait pas si friand de cérémonies. Ma foi, je
» n'ai pas envie de me déranger pour celle-là, et,
» si vous m'en croyez, vous resterez chacun chez
» vous.... Oui-da, j'entends le père *un tel* qui me
» blâme, et voilà ma servante qui ne m'approuve
» point. Écoutez, que ceux qui ne sont pas contents
» aillent... *se promener.* Vous en ferez ce que vous
» voudrez ; mais, quant à moi, je ne compte pas
» sortir dans les champs. Je vous ferai votre pro-
» cession autour de l'église. C'est bien suffisant.
» Allons, allons, c'est entendu. Finissons cette
» messe, qui n'a duré que trop longtemps. »

J'ai entendu de mes deux oreilles plus de deux cents sermons dont celui-là est un *spécimen* très-atténué, et dont les formes sont restées proverbiales dans nos paroisses, particulièrement la formule de la fin, qui était comme l'*Amen* de toutes ses prédications et admonestations paternelles.

Il y avait à Saint-Chartier une vieille dame d'un embonpoint prodigieux, dont l'époux était maire ou adjoint de la commune. Elle avait eu une vie orageuse avant la révolution ; novice, elle avait sauté par-dessus les murs du monastère pour suivre à l'armée un garde-française ou un Suisse. Je ne sais par quelle suite d'aventures étranges elle était venue asseoir ses derniers beaux jours dans le banc des marguilliers de notre paroisse, où elle avait apporté beaucoup plus des manières du régiment que de celles du cloître. Aussi la messe était-elle interrompue à chaque instant par ses bâillements affectés et par ses apostrophes énergiques à M. le curé. « Quelle diable de messe, disait-elle tout haut, ce gredin-là n'en finira pas ! — Allez au diable, disait le curé à demi-voix en se retournant pour bénir l'auditoire : *Dominus vobiscum.* »

Ces dialogues jetés à travers la messe et dans un style si accentué que je ne puis en donner qu'une très-faible traduction, troublaient à peine la gravité de l'auditoire rustique, et comme ce furent les premières messes auxquelles j'assistai, il me fallut quelque temps pour comprendre que c'étaient des cérémonies religieuses. La première fois que j'en revins, ma grand'mère me demandant ce que j'avais vu : « J'ai vu, lui dis-je, le curé qui déjeunait tout debout devant une grande table et qui de temps en temps se retournait pour nous dire des sottises. »

Le jour où Hippolyte fit sa première communion, le curé l'avait invité à déjeuner après la messe. Comme ce gros garçon n'était pas très-ferré sur son catéchisme, ma grand'mère, qui désirait que la première communion fût, comme elle le disait, une affaire *bâclée*, avait prié le curé d'user d'un peu d'indulgence, alléguant le peu de mémoire de l'enfant. M. le curé avait été indulgent en effet, et Hippolyte fut chargé de lui porter un petit cadeau, c'était douze bouteilles de vin muscat. On se mit à table et on déboucha la première bouteille. « Ma foi, fit le bon curé, voilà un petit vin blanc qui se laisse boire et qui ne doit pas porter à la tête comme le vin du cru ; c'est doux, c'est gentil, ça ne peut pas faire du mal. Buvez, mon garçon, mettez-vous là. Manette, appelez le sacristain, et nous goûterons la seconde bouteille quand la première sera finie. » La servante et le sacristain prirent place, et trouvèrent le vin fort gentil en effet. Hippolyte ne se méfiait de rien, n'en ayant jamais eu à discrétion. Les convives le trouvèrent un peu chaud à la seconde bouteille, mais, après essai, ils déclarèrent qu'il ne portait pas l'eau. On passa au troisième et au quatrième feuillet du Bréviaire, comme disait le curé, c'est-à-dire aux autres bouteilles du panier, et insensiblement le communiant, le curé, la servante et le sacristain se trouvèrent si gais, puis si graves, puis si préoccupés, qu'on se sépara sans trop savoir comment. Hippolyte revint seul par les prés, car depuis longtemps tous les paroissiens venus à la messe étaient rentrés chez eux. Chemin faisant, il se sentit la tête si lourde qu'il croyait voir danser les buissons. Il prit le parti de se coucher sous un arbre et d'y faire un bon somme. Après quoi ses idées s'étant un peu éclaircies, il put revenir à la maison, où il nous édifia tous par sa gravité et sa sobriété le reste de la journée.

La servante du curé était une toute petite femme, propre, active, dévouée, tracassière et acariâtre, ce dernier défaut étant souvent comme un complément inévitable des qualités dont il est peut-être l'excès. Elle avait sauvé la vie et la bourse de son maître pendant la révolution. Elle l'avait caché, elle avait nié sa présence avec beaucoup de hardiesse et de sang-froid au temps de la persécution. Cela ne s'était point passé dans notre vallée Noire, où les prêtres ni les seigneurs n'ont jamais été menacés sérieusement ni maltraités en aucune façon. Depuis ce temps, Manette gouvernait despotiquement son maître et le faisait marcher comme un petit garçon. Ils sont morts à peu d'intervalle l'un de l'autre, dans un âge très-avancé, et, malgré leurs querelles et le peu d'idéal de leur vie, le temps, qui ennoblit tout, avait donné à leur affection mutuelle un caractère touchant. Manette voulait toujours que son maître fût exclusivement soigné et servi par elle; mais elle n'en avait plus la force, et lorsqu'il était malade, quand elle l'avait bien veillé et médicamenté, elle tombait malade à son tour. Alors le curé prenait une autre servante pour que la vieille pût se reposer et se soigner. Mais à peine était-elle debout, qu'elle était furieuse de voir une étrangère dans la maison. Elle n'avait pas de repos qu'elle ne l'eût fait renvoyer.

Puis elle allait perdant de nouveau ses forces. Elle se plaignait alors d'avoir trop d'ouvrage et de n'être point secondée. Et vite le curé de reprendre une aide, qu'il fallait renvoyer de même au bout de huit jours. C'était une criaillerie perpétuelle, et le curé s'en plaignait à moi, car j'avais trente et quelques années qu'il vivait encore. « Hélas! disait-il, elle me rend très-malheureux, mais que voulez-vous! il y a cinquante-sept ans que nous sommes ensemble, elle m'a sauvé la vie, elle m'aime comme son fils. Il faut bien que celui qui survivra ferme les yeux de celui qui partira le premier. Elle me gronde sans cesse, elle se plaint de moi comme si j'étais un ingrat; je tâche de lui prouver qu'elle est injuste, mais elle est si sourde qu'elle n'entend pas la grosse cloche! » Et en disant cela le vieux curé ne se doutait pas qu'il était sourd lui-même à ne pas entendre le canon.

Il n'était pas très-aimé de ses paroissiens, et je pense qu'il y avait bien au moins autant de leur faute que de la sienne; car, quoi qu'on dise des touchantes relations qui existent dans les campagnes entre curés et paysans, rien n'est si rare, du moins depuis la révolution, que de voir les uns et les autres se rendre justice et se témoigner de l'indulgence.

Le paysan exige du curé trop de perfection chrétienne, le curé ne pardonne pas assez au paysan son exigence et les défauts de son éducation morale, qui sont un peu l'œuvre du catholicisme, venu en aide au despotisme pour le tenir dans l'ignorance et la crainte.

Quoi qu'il en soit, notre curé avait de bonnes qualités. Il était d'une franchise et d'une indépendance de caractère qui ne se rencontrent plus guère dans la hiérarchie ecclésiastique. Il ne se mêlait point de politique, il ne cherchait point à exercer de l'influence pour plaire à tel personnage ou pour se préserver des rancunes de tel autre; car il était courageux, audacieux même par nature. Il aimait la guerre de passion et se plaisait au récit des grandes campagnes de nos soldats, disant que s'il n'était pas prêtre il voudrait être militaire. Certes, il tenait bien un peu de l'un et de l'autre, car il jurait comme un dragon et buvait comme un templier. « Je ne suis point un cagot, moi, disait-il sous la restauration. Je ne suis pas un de ces hypocrites qui ont changé de manières depuis que le gouvernement nous protége, je suis le même qu'auparavant, et n'exige pas que mes paroissiens me saluent plus bas ni qu'ils se privent du cabaret et de la danse, comme si ce qui était permis hier ne devait plus l'être aujourd'hui. Je suis mauvaise tête, et je n'ai pas besoin de nouvelles lois pour me défendre; si quelqu'un me cherche noise, je suis bon pour lui répondre, et j'aime mieux lui montrer mon poing que de le menacer des gendarmes et du procureur du roi. Je suis un *vieux de la vieille roche,* et je ne crois pas qu'avec leur loi contre le sacrilége ils aient réussi à faire aimer la religion. Je ne tracasse personne et ne me laisse guère tracasser non plus. Je n'aime pas l'eau dans le vin, et ne force personne à en mettre. Si l'archevêque n'est pas content, qu'il le dise, je lui répondrai, moi! Je lui montrerai qu'on ne fait pas marcher un homme de mon âge comme un petit séminariste, et s'il m'ôte ma paroisse, je n'irai pas dans une autre. Je me retirerai chez moi; j'ai huit ou dix mille francs de placés, c'est assez pour ce qui me reste de temps à vivre, et je me moquerai bien de tous les archevêques du monde. »

En effet, l'archevêque étant venu donner la confirmation à Saint-Chartier, et déjeunant chez le curé avec tout son état-major, monseigneur voulut plaisanter son hôte, qui ne se laissa pas faire. « Vous avez quatre-vingt-deux ans, monsieur le curé, lui dit-il, c'est un bel âge! — Oui-da, monseigneur, répliqua le curé, qui ne se faisait pas faute de quelques liaisons hasardées dans le discours; vous avez beau z'être archevêque, vous n'y viendrez peut-être point! » — L'observation du prélat voulait dire au fond: « Vous voilà si vieux que vous devez radoter, et il serait temps de céder la place à un plus jeune. » Et la réplique signifiait : « Je ne la céderai point que vous ne m'en chassiez, et nous verrons si vous oserez faire cette injure à mes cheveux blancs. »

A ce même déjeuner, vers le dessert, comme l'archevêque devait venir dîner chez moi, le curé, apostrophant mon frère, qui était à côté de lui, et croyant lui parler tout bas, lui cria en vrai sourd qu'il était : « Ah çà, emmenez-le donc et débarrassez-moi de tous ces grands messieurs-là, qui me font une dépense de tous les diables et qui mettent ma maison sens dessus dessous. J'en ai *prou*, et grandement plus qu'il ne faut pour savoir qu'ils mangent mes perdrix et mes poulets tout en se gaussant de moi. » Ce discours, tenu à haute voix au milieu d'un silence dont le bon curé ne se doutait pas, mit Hippolyte dans un grand embarras ; mais, voyant que l'archevêque et le grand vicaire en riaient aux éclats, il prit le parti de rire aussi, et on quitta la table à la grande satisfaction de l'amphitryon et de Manette, qui, croyant cacher leurs pensées, les disaient tout haut à la barbe de leurs illustres hôtes.

Vers la fin de sa vie, notre curé eut une émotion qui dut la hâter. Il avait la manie de cacher son argent, comme beaucoup de vieillards qui n'osent le placer et qui se créent un tourment avec les économies destinées à faire la sécurité de leurs vieux jours. Il avait mis les siennes dans son grenier. Un voisin, qu'il avait pourtant, dit-on, comblé de bienfaits, se laissa tenter, grimpa la nuit par les toits, pénétra par une lucarne et s'empara du trésor de M. l'abbé. Quand celui-ci vit ses écus dénichés, il eut tant de colère et de chagrin qu'il faillit devenir fou. Il était au lit, il avait presque le délire quand le procureur du roi vint, sur sa requête, prendre des informations et recevoir sa plainte. Ce qui ajoutait à la douleur et à l'indignation du vieillard, c'est qu'il avait deviné l'auteur du délit ; mais, au moment de le désigner aux poursuites de la justice, il fut pris de compassion pour cet homme qu'il avait aimé, et peut-être aussi d'un remords de chrétien pour cet amour de l'argent qui l'avait trop dominé. « Faites votre besogne, dit-il au magistrat qui l'interrogeait : j'ai été volé, c'est vrai, mais si j'ai des soupçons, je n'en dois compte qu'au bon Dieu, et il ne m'appartient pas de punir le coupable. » On le pressa vainement. « Je n'ai rien à vous dire, fit-il en tournant le dos avec humeur. Je pourrais me tromper, c'est à vous autres magistrats de prendre cela sur votre conscience, c'est votre état et non le mien. »

La nuit suivante, l'argent fut reporté dans le grenier, et Manette, en furetant avec désespoir, le retrouva dans la cachette d'où on l'avait soustrait. Le voleur, pris de repentir et touché de la générosité du curé, s'était exécuté à l'instant même. Le curé, pour faire cesser les investigations de la justice et les commentaires de la paroisse, donna à entendre qu'il avait rêvé la perte de son argent, ou que sa servante, pour le mieux cacher, l'avait changé de place et ne s'en était pas souvenue le lendemain, à cause de son grand âge qui lui avait fait perdre la mémoire. On raconta donc de diverses manières l'aventure du curé, et plusieurs versions courent encore à cet égard. Mais il m'a raconté lui-même ce que je raconte ici à son honneur, et même à l'honneur de son voleur, car le sentiment chrétien qui estime le repentir plus agréable à Dieu que la persévérance est un beau sentiment dont la justice humaine ne tient guère de compte.

Ce vieux curé avait beaucoup d'amitié pour moi. J'avais quelque chose comme trente-cinq ans qu'il disait encore de moi : « *L'Aurore* est *une* enfant que j'ai toujours aimée. » Et il écrivait à mon mari, supposant apparemment qu'il pouvait lui donner de l'ombrage: « Ma foi, monsieur, prenez-le comme vous voudrez, mais j'aime tendrement votre femme. »

Le fait est qu'il agissait tout à fait paternellement avec moi. Pendant vingt ans, il n'a pas manqué un dimanche de venir dîner avec moi après vêpres. Quelquefois j'allais le chercher en me promenant. Un jour je me fis mal au pied en marchant, et je n'aurais su comment revenir, car dans ce temps-là il ne fallait pas parler de voitures dans les chemins de Saint-Chartier, si le curé ne m'eût offert de me prendre en croupe sur sa jument ; mais j'aurais mieux fait de prendre en croupe le curé, car il était si vieux alors, qu'il s'endormait au mouvement du cheval. Je rêvassais en regardant la campagne, lorsque je m'aperçus que la bête, après avoir progressivement ralenti son allure, s'était arrêtée pour brouter, et que le curé ronflait de tout son cœur. Heureusement l'habitude l'avait rendu solide cavalier, même dans son sommeil ; je jouai du talon, et la jument, qui savait son chemin, nous conduisit à bon port, malgré qu'elle eût la bride sur le cou.

Après le dîner, où il mangeait et buvait copieusement, il se rendormait au coin du feu, et de ses ronflements faisait trembler les vitres. Puis il s'éveillait et me demandait un petit air de clavecin ou d'épinette ; il ne pouvait pas dire piano, l'expression lui semblant trop nouvelle. A mesure qu'il vieillissait, il n'entendait plus les basses. Les notes aiguës de l'instrument lui chatouillaient encore un peu le tympan. Un jour il me dit : « Je n'entends plus rien du tout. Allons ! me voilà vieux ! » Pauvre homme ! il y avait longtemps qu'il l'était. Et pourtant il montait encore à cheval à dix heures du soir, et s'en retournait en plein hiver à son presbytère sans vouloir être accompagné. Quelques heures avant de mourir, il dit au domestique que j'avais envoyé savoir de ses nouvelles : « Dites à *l'Aurore* qu'elle ne m'envoie plus rien, je n'ai plus besoin de rien ; et dites-lui aussi que je l'aime bien, ainsi que ses enfants. »

Il me semble que la plus grande preuve d'attachement qu'on puisse revendiquer, c'est d'avoir occupé les dernières pensées d'un mourant. Peut-être aussi y a-t-il là quelque chose de prophétique qui doit inspirer de la confiance ou de l'effroi. Lorsque la supérieure de mon couvent mourut, de soixante pensionnaires qui l'intéressaient toutes à peu près également, elle ne songea qu'à moi, à qui pourtant elle n'avait jamais témoigné une sollicitude particulière. Pauvre Dupin, dit-elle à plusieurs reprises dans son agonie, je la plains bien de perdre sa grand'mère ! » Elle rêvait que c'était ma grand'mère qui était malade et mourante à sa place. Cela me laissa une grande inquiétude, et une sorte d'appréhension superstitieuse de quelque malheur imminent.

Ce fut vers l'âge de sept ans que je commençai à subir le préceptorat de Deschartres. Je fus assez longtemps sans avoir à m'en plaindre, car, autant il était rude et brutal avec Hippolyte, autant il fut calme et patient avec moi dans les premières années. C'est pour cela que je fis de rapides progrès avec lui, car il démontrait fort clairement et brièvement quand il était de sang-froid ; mais dès qu'il s'animait, il devenait diffus, embarrassé dans ses démonstrations, et la colère, le faisant bégayer, le rendait tout à fait inintelligible. Il maltraitait et rudoyait horriblement le pauvre Hippolyte, qui pourtant avait de la facilité et une mémoire excellente. Il ne voulait pas tenir compte du besoin d'activité d'une robuste nature que de trop longues leçons exaspéraient. J'avoue bien, malgré mon amitié pour mon frère, que c'était un enfant insupportable. Il ne songeait qu'à briser, à détruire, à taquiner, à jouer de mauvais tours à tout le monde.

Un jour il lançait des tisons enflammés dans la cheminée, sous prétexte de *sacrifier aux dieux infernaux*, et il mettait le feu à la maison. Un autre jour il mettait de la poudre dans une grosse bûche pour qu'elle fît explosion dans le foyer et lançât le pot-au-feu au milieu de la cuisine. Il appelait cela étudier la théorie des volcans. Et puis il attachait une casserole à la queue des chiens et se plaisait à leur fuite désordonnée et à leurs cris d'épouvante à travers le jardin. Il mettait des sabots aux chats, c'est-à-dire qu'il leur engluait les quatre pieds dans des coquilles de noix et qu'il les lançait ainsi sur la glace ou sur les parquets, pour les voir glisser, tomber et retomber cent fois avec des jurements épouvantables. D'autres fois, il disait être Calchas le grand prêtre des Grecs, et, sous prétexte de sacrifier Iphigénie sur la table de la cuisine, il prenait le couteau destiné à de moins illustres victimes, et s'évertuant à droite et à gauche, il blessait les autres ou lui-même.

Je prenais bien quelquefois un peu de part à ses méfaits, dans la mesure de mon tempérament, qui était moins fougueux. Un jour que nous avions vu tuer un cochon gras dans la basse-cour, Hippolyte s'imagina de traiter comme tels les concombres du jardin. Il leur introduisait une petite brochette de bois dans l'extrémité qui, selon lui, représentait le cou de l'animal ; puis, pressant du pied ces malheureux légumes, il en faisait sortir tout le jus. Ursule le recueillait dans un vieux pot à fleurs, pour faire le boudin, et j'allumais gravement un feu fictif à côté, pour faire griller le porc, c'est-à-dire le concombre, ainsi que nous l'avions vu pratiquer au boucher. Ce jeu nous plut tellement, que, passant d'un concombre à l'autre, choisissant d'abord *les plus gras*, et finissant par les moins rebondis, nous dévastâmes lestement une couche, objet des sollicitudes du jardinier. Je laisse à penser quelle fut sa douleur quand il vit cette scène de carnage. Hippolyte, au milieu des cadavres, ressemblait à Ajax immolant dans son délire les troupeaux de l'armée des Grecs. Le jardinier porta plainte, et nous fûmes punis ; mais cela ne fit pas revivre les concombres, et on n'en mangea pas cette année-là.

Un autre de nos méchants plaisirs était de faire ce que les enfants de notre village appellent des *trompe-chien*. C'est un trou que l'on remplit de terre légère délayée dans de l'eau. On le recouvre avec de petits bâtons sur lesquels on place des ardoises et une légère couche de terre ou de feuilles sèches, et quand ce piége est établi au milieu d'un chemin ou d'une allée de jardin, on guette les passants et on se cache dans les buissons pour les voir s'embourber, en vociférant contre les gamins abominables qui *s'inventent* de pareils tours [1]. Pour peu que le trou soit profond, il y a de quoi se casser les jambes; mais les nôtres n'offraient pas ce danger-là, ayant une assez grande surface. L'amusant c'était de voir la terreur du jardinier qui sentait la terre manquer sous ses pieds dans les plus beaux endroits de ses allées ratissées, et qui en avait pour une heure à réparer le dommage. Un beau jour Deschartres y fut pris. Il avait toujours de beaux bas à côtes, bien blancs, des culottes courtes et de jolies guêtres de nankin; car il était vaniteux de son pied et de sa jambe; il était d'une propreté extrême, et recherché dans sa chaussure. Avec cela, comme tous les pédants (c'est un signe caractéristique à quoi on peut les reconnaître à coup sûr, même quand ils ne font pas métier de pédagogues), il marchait toujours le jarret tendu et les pieds en dehors. Nous marchions

---

[1] Le Berrichon a le goût des verbes réfléchis. Il dit : « Cet homme ne sait pas ce qu'il *se* veut; il ne sait quoi *se* faire ni s'inventer. »

derrière lui pour mieux jouir du coup d'œil. Tout d'un coup le sol s'affaisse et le voilà jusqu'à mi-jambe dans une glaise jaune admirablement préparée pour teindre ses bas. Hippolyte fit l'étonné, et toute la fureur de Deschartres dut retomber sur Ursule et sur moi; mais nous ne le craignions guère, nous étions bien loin avant qu'il eût repêché ses souliers.

Comme Deschartres battait cruellement mon pauvre frère, et qu'il se contentait de dire des sottises aux petites filles, il était convenu entre Hippolyte, Ursule et moi que nous prendrions beaucoup de ces sortes de choses sur notre compte; et même nous avions, pour mieux donner le change, une petite comédie tout arrangée et qui eut du succès pendant quelque temps. Hippolyte prenait l'initiative. « Voyez ces petites sottes! criait-il aussitôt qu'il avait cassé une assiette ou fait crier un chien trop près de l'oreille de Deschartres, elles ne font que du mal! Voulez-vous bien finir, mesdemoiselles! » Et il se sauvait tandis que Deschartres, mettant le nez à la fenêtre, s'étonnait de ne pas voir les petites filles.

Un jour que Deschartres était allé vendre des bêtes à la foire, car l'agriculture et la régie de nos fermes l'occupaient en première ligne, Hippolyte étant censé étudier sa leçon dans la chambre du *grand homme*, s'imagina de faire le grand homme tout de bon. Il endosse la grande veste de chasse, qui lui tombait sur les talons, il coiffe la casquette à soufflet, et le voilà qui se promène dans la chambre en long et en large, les pieds en dehors, les mains derrière le dos à la manière du pédagogue. Puis il s'étudie à imiter son langage, il s'approche du tableau noir, fait des figures avec de la craie, entame une démonstration, se fâche, bégaye, traite son élève d'*ignorant crasse* et de *butor*; puis, satisfait de son talent d'imitation, il se met à la fenêtre et apostrophe le jardinier sur la manière dont il taille les arbres; il le critique, le réprimande, l'injurie, le menace; le tout dans le style de Deschartres et avec ses éclats de voix accoutumés. Soit que ce fût assez bien imité, soit la distance, le jardinier, qui, dans tous les cas, était un garçon simple et crédule, y fut pris, et commença à répondre et à murmurer. Mais quelle fut sa stupeur quand il vit à quelques pas de lui le véritable Deschartres qui assistait à cette scène et ne perdait pas un des gestes ni une des paroles de son Sosie! Deschartres aurait dû en rire, mais il ne supportait pas qu'on s'attaquât à sa personnalité, et, par malheur, Hippolyte ne le vit pas, caché qu'il était par les arbres. Deschartres, qui était rentré de la foire plus tôt qu'on ne l'attendait, monta sans bruit à sa chambre et en ouvrit brusquement la porte, au moment où l'espiègle disait d'une grosse voix à un Hippolyte supposé : « Vous ne travaillez pas, voilà une écriture de chat et une orthographe de crocheteur! pim, pan! voilà pour vos oreilles, animal que vous êtes! »

En ce moment la scène fut double, et pendant que le faux Deschartres souffletait un Hippolyte imaginaire, le vrai Deschartres souffletait le véritable Hippolyte.

J'apprenais la grammaire avec Deschartres et la musique avec ma grand'mère. Ma mère me faisait lire et écrire. On ne me parlait d'aucune religion, bien qu'on me fît lire l'histoire sainte. On me laissait libre de croire et de rejeter à ma guise les miracles de l'antiquité. Ma mère me faisait dire ma prière à genoux à côté d'elle, qui n'y manquait pas, qui n'y a jamais manqué. Et même c'étaient d'assez longues prières, car, après que j'avais fini les miennes et que j'étais couchée, je la voyais encore à genoux, la figure dans ses mains et profondément absorbée. Elle n'allait pourtant jamais à confesse et faisait gras le vendredi : mais elle ne manquait pas la messe le dimanche, ou, quand elle était forcée de la manquer, elle faisait double prière : et quand ma grand'mère lui demandait pourquoi elle pratiquait ainsi à moitié, elle répondait : « J'ai ma religion ; de celle qui est prescrite, j'en prends et j'en laisse. Je ne peux pas souffrir les prêtres, ce sont des cafards, et je n'irai jamais leur confier mes pensées qu'ils comprendraient tout de travers. Je crois que je ne fais pas du mal, parce que si j'en fais, c'est malgré moi. Je ne me corrigerai pas de mes défauts, je n'y peux rien ; mais j'aime Dieu d'un cœur sincère, je le crois trop bon pour nous punir dans l'autre vie. Nous sommes bien assez châtiés de nos sottises dans celle-ci ; j'ai pourtant grand'peur de la mort, mais c'est parce que j'aime la vie et non parce que je crains de comparaître devant Dieu, en qui j'ai confiance et que je suis sûre de n'avoir jamais offensé avec intention. — Mais que lui dites-vous dans vos longues prières? — Je lui dis que je l'aime, je me console avec lui de mes chagrins et je lui demande de me faire retrouver mon mari dans l'autre monde. — Mais qu'allez-vous faire à la messe? vous n'y entendez goutte. — J'aime à prier dans une église ; je sais bien que Dieu est partout, mais dans l'église je le vois mieux, et cette prière en commun me paraît meilleure. J'y ai beaucoup de distractions, cela dure trop longtemps ; mais enfin il y a un bon moment où je prie de tout mon cœur, et cela me soulage. »

« Pourtant, lui disait encore ma grand'mère, vous fuyez les dévots. — Oui, répondait-elle, parce qu'ils sont intolérants et hypocrites, et je crois que si Dieu pouvait haïr ses créatures, les dévots et les dévotes surtout seraient celles qu'il haïrait le plus. — Vous condamnez par là votre religion même, puisque les personnes qui la pratiquent le mieux sont les plus haïssables et les plus méchantes qui existent. Cette religion est donc mauvaise, et plus on s'en éloigne, meilleur on est; n'est-ce pas la conséquence de votre opinion?—Vous m'en demandez trop long, disait ma mère; je n'ai pas été habituée à raisonner mes sentiments, je vais comme je me sens poussée, et tout ce que mon cœur me conseille je le fais sans en demander la raison à mon esprit. »

On voit par là et par l'éducation qui m'était donnée, ou plutôt par l'absence d'éducation religieuse raisonnée, que ma grand'mère n'était pas du tout catholique. Ce n'était pas seulement les dévots qu'elle haïssait, comme faisait ma mère, c'était la dévotion, c'était le catholicisme qu'elle jugeait froidement et sans pitié. Elle n'était pas athée, il s'en faut de beaucoup. Elle croyait à cette sorte de religion naturelle préconisée et peu définie par les philosophes du dix-huitième siècle. Elle se disait déiste et repoussait avec un égal dédain tous les dogmes, toutes les formes de religion. Elle tenait, disait-elle, Jésus-Christ en grande estime, et, admirant l'Évangile comme une excellente philosophie, elle plaignait la vérité d'avoir toujours été entourée d'une fabulation plus ou moins ridicule.

Je dirai plus tard ce que j'ai gardé ou perdu, adopté ou rejeté de ses jugements. Mais, suivant pas à pas le développement de mon être, je dois dire que dans mon enfance mon instinct me poussait beaucoup plus vers la foi naïve et confiante de ma mère que vers l'examen critique et un peu glacé de ma bonne maman. Sans qu'elle s'en doutât, ma mère portait de la poésie dans son sentiment religieux, et il me fallait de la poésie : non pas de cette poésie arrangée et faite après mûre réflexion, comme on essayait d'en faire alors pour réagir contre le positivisme du dix-huitième siècle, mais de celle qui est dans le fait même et qu'on boit dans l'enfance sans savoir ce que c'est et quel nom on lui donne. En un mot, j'avais besoin de poésie comme le peuple, comme ma mère, comme le paysan qui se prosterne un peu devant le bon Dieu, un peu devant le diable, prenant quelquefois l'un pour l'autre, et cherchant à se rendre favorables toutes les mystérieuses puissances de la nature.

J'aimais le merveilleux passionnément, et mon imagination ne trouvait pas son compte aux explications que m'en donnait ma grand'mère. Je lisais avec un égal plaisir les prodiges de l'antiquité juive et païenne. Je n'aurais pas mieux demandé que d'y croire; ma grand'mère faisant de temps en temps un court et sec appel à ma raison, je ne pouvais pas arriver à la foi, mais je me vengeais du petit chagrin que cela me causait en ne voulant rien nier intérieurement. C'était absolument comme pour mes contes de fées, auxquels je ne croyais plus qu'à demi, en de certains moments et comme par accès.

Les nuances que revêt le sentiment religieux suivant les individus est une affaire d'organisation, et je ne fais pas le procès à la dévotion, comme ma grand'mère, à cause des vices de la plupart des dévots. La dévotion est une exaltation de nos facultés mentales, comme l'ivresse est une exaltation de nos facultés physiques. Tout vin enivre quand on boit trop, et ce n'est pas la faute du vin. Il y a des gens qui en supportent beaucoup et qui n'en sont que plus lucides. Il en est d'autres qu'une petite dose rend idiots et furieux. Mais, en somme, je crois que le vin ne nous fait révéler que ce que nous avons en nous de bon ou de mauvais, et le meilleur vin du monde fait mal à ceux qui ont la tête faible ou le caractère irritable. L'exaltation religieuse, sur quelque dogme qu'elle s'appuie, est donc un état de l'âme sublime, odieux ou misérable, selon que le vase où fermente cette brûlante liqueur est solide ou fragile. Cette surexcitation de notre être fait de nous des saints ou des persécuteurs, des martyrs ou des bourreaux, et ce n'est certainement pas la faute du christianisme si les catholiques ont inventé l'inquisition et les tortures.

Ce qui me choque dans les dévots en général, ce ne sont pas les défauts qui tiennent invinciblement à leur organisation, c'est l'absence de logique de leur vie et de leurs opinions. Ils ont beau dire, ils font comme faisait ma mère. Ils en prennent et ils en laissent, et ils n'ont pas ce droit que ma mère s'arrogeait avec raison, elle qui ne se piquait point d'orthodoxie. Quand j'ai été dévote, je ne me passais rien, et je ne faisais pas un mouvement sans m'en rendre compte et sans demander à ma conscience timorée s'il m'était permis de marcher du pied droit ou du pied gauche. Si j'étais dévote aujourd'hui, je n'aurais peut-être pas l'énergie d'être intolérante avec les autres, parce que le caractère ne s'abjure jamais ; mais je serais intolérante vis-à-vis de moi-même, et l'âge mûr conduisant à une sorte de logique positive, je ne trouverais rien d'assez austère pour moi. Je n'ai donc jamais compris les femmes du monde qui vont au bal, au spectacle, qui montrent leurs épaules, qui songent à se faire belles, et qui pourtant reçoivent tous leurs sacrements, ne négligent aucune prescription du culte, et se croient parfaitement d'accord avec elles-mêmes. Je ne parle pas ici des hypocrites, ce ne sont pas des dévotes, je parle de femmes très-naïves, et à qui j'ai souvent demandé leur secret pour pécher ainsi sans scrupule contre leur propre conviction, et chacune me l'a expliqué à sa manière, ce qui fait que je ne suis pas plus avancée qu'auparavant.

Je ne comprends pas non plus certains hommes qui croient de bonne foi à l'excellence de toutes les prescriptions catholiques, qui en défendent le principe avec chaleur, et qui n'en suivent aucune. Il me semble que si je croyais tel acte meilleur que tel autre, je n'hésiterais pas à l'accomplir. Il y a plus, je ne me pardonnerais pas d'y manquer. Cette absence de logique chez des personnes que je sais intelligentes et sincères est quelque chose que je n'ai jamais pu m'expliquer. Cela s'éclaircira peut-être pour moi quand je repasserai mes souvenirs avec ordre, ce qui m'arrivera certes pour la première fois de ma vie en les écrivant, et je pourrai analyser la situation de l'âme aux prises avec la foi et le doute, en me rappelant comment je devins dévote et comment je cessai de l'être.

A sept ou huit ans je sus à peu près ma langue. C'était trop tôt, car on me fit passer tout de suite à d'autres études, et on négligea de me faire approfondir la grammaire. On me fit beaucoup griffonner, on s'occupa de mon style, mais on ne m'avertit qu'incidemment des incorrections qui s'y glissaient peu à peu, à mesure que j'étais entraînée par la facilité de m'exprimer. Au couvent, il fut entendu que je savais assez de français pour qu'on ne me fît pas suivre les leçons des classes, et, en effet, je me tirai fort bien, à l'épreuve, des faciles devoirs distribués aux élèves de mon âge; mais plus tard, quand je me livrai à ma propre rédaction, je fus souvent embarrassée. Je dirai comment, au sortir du couvent, je rappris moi-même le français, et comment douze ans plus tard, lorsque je voulus écrire pour le public, je m'aperçus que je ne savais encore rien; comment j'en fis une nouvelle étude qui, trop tardive, ne me servit guère, ce qui est cause que j'apprends encore ma langue en la pratiquant, et que je crains de ne la savoir jamais. La pureté, la correction, seraient pourtant un besoin de mon esprit, aujourd'hui surtout, et ce n'est jamais par négligence ni par distraction que je pèche, c'est par ignorance réelle.

Le malheur vint de ce que Deschartres, partageant le préjugé qui préside à l'éducation des hommes, s'imagina que, pour me perfectionner dans la connaissance de ma langue, il lui fallait m'enseigner le latin. J'apprenais très-volontiers tout ce qu'on voulait, et j'avalai le rudiment avec résignation. Mais le français, le latin et le grec qu'on apprend aux enfants prennent trop de temps, soit qu'on les enseigne par de mauvais procédés, ou que ce soient les langues les plus difficiles du monde, ou encore que l'étude d'une langue quelconque soit ce qu'il y a de plus long et de plus aride pour les enfants; toujours est-il qu'à moins de facultés toutes spéciales, on sort du collége sans savoir ni le latin ni le français, et le grec encore moins. Quant à moi, le temps que je perdis à ne pas apprendre le latin fît beaucoup de tort à celui que j'aurais pu employer à apprendre le français, dans cet âge où l'on apprend mieux que dans tout autre.

Heureusement je cessai le latin d'assez bonne heure, ce qui fait que, sachant mal le français, je le sais encore mieux que la plupart des hommes de mon temps. Je ne parle pas ici des littérateurs, que je soupçonne fort de n'avoir pas pris leur forme et leur style au collége, mais du grand nombre des hommes qui ont parfait leurs études classiques sans songer depuis à faire de la langue une étude spéciale. Si on veut bien le remarquer, on s'apercevra qu'ils ne peuvent écrire une lettre de trois pages sans qu'il s'y rencontre une faute de langage ou d'orthographe. On remarquera aussi que les femmes de vingt à trente ans qui ont reçu un peu d'éducation, écrivent le français généralement mieux que les hommes, ce qui tient, selon moi, à ce qu'elles n'ont pas perdu huit ou dix ans de leur vie à apprendre les langues mortes.

Tout cela est pour dire que j'ai toujours trouvé déplorable le système adopté pour l'instruction des garçons, et je ne suis pas seule de cet avis. J'entends dire à tous les hommes qu'ils ont perdu leur temps et l'amour de l'étude au collége. Ceux qui y ont profité sont des exceptions. N'est-il donc pas possible d'établir un système où les intelligences ordinaires ne seraient pas sacrifiées aux besoins des intelligences d'élite ?

CHAPITRE QUATRIÈME

Tyrannie et faiblesse de Deschartres. — Le menuet de Fischer. — Le livre magique. — Nous évoquons le diable. — Le chercheur de tendresse. — Les premières amours de mon frère. — Pauline. — M. Gogault et M. Lubin. — Les talents d'*agrément*. — Le maréchal Maison. — L'appartement de la rue Thiroux. — Grande tristesse à sept ans en prévision du mariage. — Départ de l'armée pour la campagne de Russie. — Nohant. — Ursule et ses sœurs. — Effet du jeu sur moi. — Mes vieux amis. — Système de guerre du czar Alexandre. — Moscou.

Nous prenions nos leçons dans la chambre de Deschartres, chambre tenue très-proprement à coup sûr, mais où régnait une odeur de savonnette à la lavande qui avait fini par me devenir nauséabonde. Mes leçons à moi n'étaient pas longues ; mais celles de mon pauvre frère duraient toute l'après-midi, parce qu'il était condamné à étudier pour son compte et à préparer son devoir sous les yeux du pédagogue. Il est vrai que, quand on ne le gardait pas à vue, il n'ouvrait pas seulement son livre. Il s'enfuyait à travers champs, et on ne le voyait plus de la journée.

Dieu avait certainement créé et mis au monde cet enfant impétueux pour faire faire pénitence à Deschartres ; mais Deschartres, tyran par nature, ne prenait pas ses escapades en esprit de mortification. Il le rendait horriblement malheureux, et il fallut que l'enfant fût de bronze pour ne pas éclater sous cette dure contrainte.

Ce n'était pas le latin qui faisait son martyre, on ne le lui enseignait pas. C'était les mathématiques, pour lesquelles il avait montré de l'aptitude, et il en avait véritablement. Il ne haïssait pas l'étude en elle-même, mais il préférait le mouvement et la gaieté, dont il avait un impérieux besoin. Deschartres lui enseignait aussi la musique. Le flageolet étant son instrument favori, Hippolyte dut l'apprendre bon gré mal gré ; on lui fit emplette d'un flageolet en buis, et Deschartres, armé de son flageolet d'ébène monté en ivoire, lui en appliquait de violents coups sur les doigts à chaque fausse note. Il y a un certain menuet de Fischer qui aurait dû laisser des calus sur les mains de l'élève infortuné. Cela était d'autant plus coupable de la part de Deschartres, que, quelque irrité qu'il fût, il pouvait toujours se vaincre jusqu'à un certain point avec les personnes qu'il aimait. Il n'avait jamais brutalisé l'enfance de mon père, et jamais il ne s'emporta contre moi jusqu'à un essai de voie de fait, qu'une seule fois en sa vie. Il avait donc une sorte d'aversion pour Hippolyte, à cause des mauvais tours et des moqueries de celui-ci. Et pourtant il lui portait, à cause de mon père, un véritable intérêt. Rien ne l'obligeait à l'instruire, et il s'y employait avec une obstination qui n'était pas de la vengeance, car il eût été vite dégoûté d'une satisfaction que son élève lui faisait payer si cher : il s'était imposé cette tâche en conscience, mais il est bien vrai de dire qu'à l'occasion le ressentiment y trouvait son compte.

Quand j'allais prendre mes leçons auprès d'Hippolyte accoudé sur sa table et jouant aux mouches quand on ne le regardait pas, Ursule était toujours là. Deschartres aimait cette petite fille pleine d'assurance qui lui tenait tête et lui répliquait fort à propos. Comme tous les hommes violents, Deschartres aimait parfois la résistance ouverte, et devenait débonnaire, faible même, avec ceux qui ne le craignaient pas... Le tort d'Hippolyte, et son malheur, était de ne lui jamais dire en face qu'il était injuste et cruel. S'il l'eût une seule fois menacé de se plaindre à ma grand'mère ou de quitter la maison, Deschartres eût certainement fait un retour sur lui-même ; mais l'enfant le craignait, le haïssait, et ne se consolait que par la vengeance.

Il est certain qu'il y était ingénieux, et qu'il avait un esprit diabolique pour observer et relever les ridicules. Souvent, au milieu de la leçon, Deschartres était appelé dans la maison ou dans la cour de la ferme par quelque détail de son exploitation. Ces absences étaient mises à profit pour se moquer de lui. Hippolyte prenait le flageolet d'ébène, et singeait son professeur avec un rare talent d'imitation. Il n'y avait rien de plus ridicule, en effet, que Deschartres jouant du flageolet. Cet instrument champêtre était déjà ridicule par lui-même dans les mains d'un personnage si solennel et au milieu d'un visage si refrogné à l'habitude. En outre, il le maniait avec une extrême prétention, arrondissant les doigts avec grâce, dandinant son gros corps, et pinçant la lèvre supérieure avec une affectation qui lui donnait la plus plaisante figure du monde. C'était dans le menuet de Fischer surtout qu'il déployait tous ses moyens, et Hippolyte savait très-bien par cœur ce morceau, qu'il ne pouvait venir à bout de lire proprement quand la musique écrite et la figure menaçante de Deschartres étaient devant ses yeux. Mais à force de le contrefaire, il l'avait appris malgré lui, et je crois qu'il ne fit jamais d'autre étude musicale que celle-là.

Ursule, qui était fort sage pendant la leçon, devenait fort turbulente dans les entr'actes. Elle grimpait partout, feuilletait tous les livres, bousculait toutes les pantoufles et toutes les savonnettes, et riait à se rouler par terre de toutes les remarques dénigrantes d'Hippolyte sur la toilette, les habitudes et les manies du pédagogue. Il avait toujours sur les rayons de sa bibliothèque une quantité de petits sacs de graines qu'il expérimentait dans le jardin, rêvant sans cesse au moyen d'acclimater quelque nouvelle plante fourragère, fromentale ou légumineuse dans le département, et se flattant d'éclipser la gloire de ses concurrents au comité d'agriculture. Nous prenions soin de lui mêler toutes ces graines triées avec tant de scrupule par ses propres mains. Nous mélangions le pastel avec le colza, et le sarrasin avec le millet. Si bien que les graines poussaient tout de travers et qu'il récoltait de la luzerne là où il avait semé des raves. Il entassait manuscrits sur manuscrits pour prouver à ses confrères de la Société d'agriculture que M. Cadet de Vaux était un âne et M. Rougier de la Bergerie un veau, car c'était en ces termes peu parlementaires qu'il faisait la guerre aux systèmes de ses concurrents dans la science agricole. Nous dérangions les feuillets de ses opuscules et nous ajoutions des lettres à plusieurs mots pour y faire des fautes d'orthographe. Il lui arriva une fois d'envoyer le manuscrit ainsi embelli et dérangé à l'imprimerie, et quand on lui envoya ses épreuves à corriger, il entra dans une fureur épouvantable contre le crétin de prote qui faisait de pareilles bévues.

Parmi ses livres, il y en avait plusieurs qui excitaient vivement notre curiosité, entre autres *le Grand Albert* et *le Petit Albert*, et divers manuels d'économie rurale et domestique fort anciens et remplis de billevesées. Il y en avait un, dont j'ai oublié le titre, que Deschartres avait placé au plus haut de ses rayons, et qu'il prisait pour l'ancienneté de l'édition. Je ne saurais dire au juste de quoi il traite, ni ce qu'il vaut, nous ne pouvions guère le parcourir, car l'escalade pour le saisir et le remettre en place prenait une partie du temps que nous dérobions à la vigilance du maître. Autant que je m'en souviens, il y avait de tout, des remèdes pour guérir les maladies des hommes et des bêtes, des recettes pour les médicaments, les mets, les liqueurs et les poisons. Il y avait aussi de la magie, et c'était là ce qui nous intéressait le plus. Hippolyte avait ouï dire une fois à Deschartres qu'il s'y trouvait une formule de conjuration pour faire paraître le diable. Il s'agissait de la trouver dans tout ce fatras, et nous nous y reprîmes à plus de vingt fois. Au moment où nous pensions arriver au magique feuillet, nous entendions retentir sur l'escalier les pas lourds de Deschartres. Il eût été plus simple de lui demander de nous le montrer; il est probable que, dans un moment de bonne humeur, il nous eût enseigné en riant le procédé pour appeler Satan; mais il nous paraissait bien plus piquant de surprendre le secret nous-mêmes et de faire l'expérience entre nous.

Enfin un jour que Deschartres était à la chasse,

Hippolyte vint nous chercher. Il avait ou il croyait avoir trouvé parmi divers grimoires celui qui servait à l'incantation. Il y avait des paroles à dire, des lignes à tracer par terre avec de la craie, et je ne sais quelles autres préparations qui m'échappent et que nous ne pouvions réaliser. Soit qu'Hippolyte se moquât de nous, soit qu'il crût un peu à la vertu des formules, nous fîmes ce qu'il nous prescrivait, lui, le livre à la main ; nous, parcourant en différents sens les lignes tracées par terre. C'était une sorte de table de Pythagore, avec des carrés, des losanges, des étoiles, des signes du zodiaque, beaucoup de chiffres et d'autres figures cabalistiques dont le souvenir est assez confus en moi.

Ce que je me rappelle bien, c'est l'espèce d'émotion qui nous gagnait à mesure que nous opérions. Il était dit que le premier indice du succès de l'opération serait le jaillissement d'une flamme bleuâtre sur certains chiffres ou certaines figures, et nous attendions ce prodige avec une certaine anxiété. Nous n'y croyions pourtant pas, Hippolyte étant déjà assez esprit fort, et moi ayant été habituée par ma mère et ma grand'mère (d'accord sur ce point) à regarder l'existence du diable comme une imposture, la fiction d'un croquemitaine pour les petits enfants. Mais Ursule eut peur tout en riant, et quitta la chambre sans qu'il fût possible de l'y ramener.

Alors mon frère et moi, nous trouvant seuls à l'œuvre, et la gaieté de notre compagne ne nous soutenant plus, nous reprîmes l'opération avec une sorte de courage. Malgré nous, l'imagination s'allumait, et l'attente d'un prodige quelconque nous agitait un peu. Aussitôt que les flammes paraîtraient nous pouvions en rester là et ne pas insister pour que, sous les chiffres du milieu, le plancher fût percé par les deux cornes de Lucifer. — « Bah! disait Hippolyte, il est écrit dans le livre que les personnes qui n'oseraient pas aller jusqu'au bout peuvent, en effaçant bien vite certains chiffres, faire rentrer le diable sous terre, au moment où il passe la tête dehors. Seulement il faut éviter que ses yeux soient sortis, car, aussitôt qu'il vous a regardé, vous n'êtes plus maître de le renvoyer avant de lui avoir parlé. Moi, je ne sais pas si j'oserais, mais, tout au moins, je voudrais voir le bout de ses cornes. — Mais s'il nous regarde, et s'il faut lui parler, disais-je, que lui dirons nous? — Ma foi, répondait Hippolyte, je lui commanderai d'emporter Deschartres, son flageolet et tous ses vieux bouquins. »

Nous prenions certainement la chose en plaisanterie en devisant ainsi, mais nous n'en étions pas moins émus. Les enfants ne peuvent jouer avec le merveilleux sans en ressentir quelque ébranlement, et, sous ce rapport, les hommes du passé ont été des enfants bien autrement crédules que nous ne l'étions.

CHAPITRE QUATRIÈME.

Nous complétâmes l'expérience comme nous pûmes, et non-seulement le diable ne vint pas, mais encore il n'y eut pas la moindre petite flamme. Nous mettions pourtant l'oreille sur le carreau, et Hippolyte prétendait entendre un petit pétillement précurseur des premières étincelles ; mais il se moquait de moi, et je n'en étais pas dupe, tout en feignant d'écouter et d'entendre aussi quelque chose. Ce n'était qu'un jeu, mais un jeu qui nous faisait battre le cœur. Nos plaisanteries nous rassuraient et tenaient notre raison éveillée, mais je ne sais pas si nous eussions osé jouer ainsi avec l'enfer l'un sans l'autre. Je ne crois pas qu'Hippolyte l'ait essayé depuis.

Nous étions cependant un peu désappointés d'avoir pris tant de peine pour rien, et nous nous consolâmes en reconnaissant que nous n'avions pas la moitié des objets désignés dans le livre pour accomplir le charme. Nous nous promîmes de nous les procurer, et en effet pendant quelques jours nous recueillîmes certaines herbes et certains chiffons ; mais comme il y avait une foule d'autres prescriptions scientifiques que nous ne comprenions pas, et d'ingrédients qui nous étaient complétement inconnus, la chose n'alla pas plus loin.

Le flageolet de Deschartres me rappelle qu'il y avait à la Châtre un fou qui venait souvent demander à notre précepteur de lui jouer un petit air, et celui-ci n'avait garde de le lui refuser, car c'était un auditeur très-attentif, le seul probablement qu'il ait jamais charmé. Ce fou s'appelait M. Demai. Il était jeune encore, habillé très-proprement et d'une figure agréable, sauf une grande barbe noire qu'on était convenu de trouver très-effrayante à cette époque, où l'on se rasait entièrement la figure, et où les militaires seuls portaient la moustache. Il était doux et poli ; sa folie était une mélancolie profonde, une sorte de préoccupation solennelle. Jamais un sourire, le calme d'un désespoir ou d'un ennui sans bornes. Il arrivait seul à toute heure du jour, et nous remarquions avec surprise que les chiens, qui étaient fort méchants, aboyaient de loin après lui, s'approchaient avec méfiance pour flairer ses habits et se retiraient aussitôt, comme s'ils eussent compris que c'était un être inoffensif et sans conséquence. Lui, sans faire aucune attention aux chiens, entrait dans la maison ou dans le jardin, et bien qu'avant sa folie il n'eût jamais eu aucune relation avec nous, il s'arrêtait auprès de la première personne qu'il rencontrait, lui disait une ou deux paroles et restait là plus ou moins longtemps, sans qu'il fût nécessaire de s'occuper de lui. Quelquefois il entrait chez ma grand'mère sans frapper, sans songer à se faire annoncer, lui demandait très-poliment de ses nouvelles, répondait à ses questions qu'il se portait fort bien, prenait un siége sans y être invité, et demeurait impassible pendant que ma grand'mère continuait à écrire ou à me donner ma leçon. Si c'était la leçon de musique, il se levait, se plaçait debout derrière le clavecin, et y restait immobile jusqu'à la fin.

Lorsque sa présence devenait gênante, on lui disait : « Eh bien, monsieur Demai, désirez-vous quelque chose ? — *Rien de nouveau, répondait-il, je cherche la tendresse.* — Est-ce que vous ne l'avez pas trouvée encore, depuis le temps que vous la cherchez ? — Non, disait-il, et pourtant j'ai cherché partout. Je ne sais où elle peut être. — Est-ce que vous l'avez cherchée dans le jardin ? — Non, pas encore, » disait-il ; et, frappé d'une idée subite, il allait au jardin, se promenait dans toutes les allées, dans tous les coins, s'asseyait sur l'herbe à côté de nous pour regarder nos jeux d'un air grave, montait chez Deschartres, entrait chez ma mère, et même dans les chambres inhabitées, parcourait toute la maison, ne demandait rien à personne, et se contentait de répondre à qui l'interrogeait qu'il cherchait la tendresse. Les domestiques, pour s'en débarrasser, lui disaient : « Ça ne se trouve pas ici. Allez du côté de la Châtre. Bien sûr, vous la rencontrerez par là. » Quelquefois il avait l'air de comprendre qu'on le traitait comme un enfant. Il soupirait et s'en allait. D'autres fois il avait l'air de croire à ce qu'on lui disait, et regagnait la ville à pas précipités.

Je crois avoir entendu dire qu'il était devenu fou par chagrin d'amour, mais qu'il le serait devenu pour une cause quelconque, parce qu'il y avait d'autres fous dans sa famille. Quoi qu'il en soit, je ne me rappelle pas ce pauvre chercheur de tendresse sans attendrissement. Nous l'aimions, nous autres enfants, sans autre motif que la compassion, car il ne nous disait presque rien, et faisait si peu d'attention à nous, malgré qu'il nous regardât jouer ensemble des heures entières, qu'il ne nous reconnaissait pas les uns d'avec les autres. Il appelait Hippolyte M. Maurice, et demandait souvent à Ursule si elle était mademoiselle Dupin, ou à moi si j'étais Ursule. Nous avions pour son infortune un respect d'instinct, car nous ne l'avons jamais raillé ni évité. Il ne répondait guère aux questions, et semblait se trouver content quand on ne le repoussait ni ne le fuyait. Peut-être eût-il été très-curable par un traitement soutenu de douceur, de distractions et d'amitié : mais probablement les soins moraux et intellectuels lui manquaient, car il venait toujours seul et s'en allait de même. Il a fini par se suicider. Du moins on l'a trouvé noyé dans un puits, où sans doute l'infortuné cherchait *la tendresse*, cet introuvable objet de ses douloureuses aspirations.

Ma mère nous quitta au commencement de l'automne. Elle ne pouvait abandonner Caroline, et se voyait forcée de partager sa vie entre ses deux enfants. Elle me raisonna beaucoup pour m'empêcher de vouloir la suivre, j'avais un vif chagrin : mais nous devions tous partir pour Paris à la fin d'octobre. C'était deux mois de séparation tout au plus, et l'effroi qui s'était emparé de moi l'année précédente à l'idée d'une séparation absolue était dissipé par la manière dont j'avais vécu auprès d'elle, presque sans interruption depuis ce temps-là. Elle me fit comprendre que Caroline avait besoin d'elle, que nous serions bientôt réunies à Paris, qu'elle viendrait encore à Nohant l'année suivante, je me soumis.

Ces deux mois se passèrent sans encombre ; je m'habituais aux manières imposantes de ma bonne maman, j'étais devenue assez raisonnable pour obéir sans effort, et elle s'était, de son côté, un peu relâchée envers moi de ses exigences de *bonne tenue*.

A la campagne elle était moins frappée des inconvénients de mon laisser aller. C'est à Paris qu'en me comparant aux petites poupées du beau monde, elle s'effrayait de mon franc parler et de mes allures de paysanne. Alors recommençait la petite persécution qui me profitait si peu.

Nous quittâmes Nohant, ainsi qu'on me l'avait promis, aux premiers froids. Il fut décidé qu'on mettrait Hippolyte en pension à Paris pour le dégrossir de ses manières rustiques. Deschartres s'offrit à l'y conduire, à faire choix de l'établissement *destiné au bonheur de posséder un élève si gentil*, et à l'y installer. On lui fit donc un trousseau, et comme il devait aller prendre avec Deschartres la diligence à Châteauroux, il fut convenu que nous traverserions la Brande ensemble, nous dans la voiture, conduite par Saint-Jean et les deux vieux chevaux, Hippolyte et Deschartres à cheval sur les paisibles juments de la ferme. Mais quelques jours avant de partir on s'avisa que pour faire cette partie d'équitation il lui fallait des bottes, car la culotte courte et les bas blancs de la première communion n'étaient plus de saison.

Une paire de bottes! c'était depuis longtemps le rêve, l'ambition, l'idéal, le tourment du gros garçon. Il avait essayé de s'en faire avec de vieilles tiges à Deschartres et un grand morceau de cuir qu'il avait trouvé dans la remise, peut-être le tablier de quelque cabriolet réformé. Il avait travaillé quatre jours et quatre nuits, taillant, cousant, faisant tremper son cuir dans l'auge des chevaux pour l'amollir, et il avait réussi à se confectionner des chaussures informes, dignes d'un Esquimau, mais qui crevèrent le premier jour qu'il les mit. Ses vœux furent donc comblés quand le cordonnier lui apporta de véritables bottes avec fer au talon et courroies pour recevoir des éperons.

Je crois que c'est la plus grande joie que j'aie vu éprouver à un mortel. Le voyage à Paris, le premier déplacement de sa vie, la course à cheval, l'idée de se séparer bientôt de Deschartres, tout cela n'était rien en comparaison du bonheur d'avoir des bottes. Lui-même met encore cette satisfaction d'enfant dans ses souvenirs au-dessus de toutes celles qu'il a goûtées depuis, et il dit souvent : « Les premières amours? je crois bien ! Les miennes ont eu pour objet une paire de bottes, et je vous réponds que je me suis trouvé heureux et fier ! »

C'étaient des bottes à la hussarde, selon la mode d'alors, et on les portait par-dessus le pantalon plus ou moins collant. Je les vois encore, car mon frère me les fit tant regarder et tant admirer, bon gré, mal gré, que j'en fus obsédée jusqu'à en rêver la nuit. Il les mit la veille du départ et ne les quitta plus qu'à Paris, car il se coucha avec. Mais il ne put dormir, tant il craignait, non que ses bottes vinssent à déchirer ses draps de lit, mais que ses draps de lit n'enlevassent le brillant de ses bottes. Il se releva donc sur le minuit et vint dans ma chambre pour les examiner à la clarté du feu qui brillait encore dans la cheminée. Ma bonne, qui couchait dans un cabinet voisin, voulut le renvoyer, ce fut impossible. Il me réveilla pour me montrer ses bottes, puis s'assit devant le feu, ne voulant pas dormir, car c'eût été perdre pour quelques instants le sentiment de son bonheur. Pourtant le sommeil vainquit cette ivresse, et quand ma bonne m'éveilla pour partir nous vîmes Hippolyte qui s'était laissé glisser par terre et qui dormait sur le carreau, devant la cheminée.

On partait avant le jour pour arriver à la *Brande* au lever du soleil, afin d'en être sorti à son coucher. Toute une journée pour faire ces quatre ou cinq lieues de traverse ! Ce n'était pas trop avec Saint-Jean, qui ménageait ses bêtes, et ne manquait jamais de se perdre, pour peu qu'il eût bu le coup de l'étrier. Quand, par instinct, ses chevaux suivaient le bon chemin, il s'endormait profondément sur sa selle, et alors gare aux fondrières, et tant pis pour nous !

Heureusement, cette fois nous avions une escorte. Deschartres, qui connaissait bien la route, marchait devant au petit trot, et Hippolyte, sur les flancs, stimulait l'ardeur de nos chevaux et tenait Saint-Jean en haleine.

Je vis peut-être un peu moins ma mère à Paris dans l'hiver de 1811 à 1812. On m'habituait peu à peu à me passer d'elle, et, de son côté, sentant qu'elle se devait davantage à Caroline, qui n'avait pas de bonne maman pour la gâter, elle secondait le désir qu'on éprouvait de me voir prendre mon parti. J'eus, cette fois, des distractions et des plaisirs conformes à mon âge. Ma grand'mère était liée avec madame de Fargès, dont la fille, madame de Pontcarré, avait une fille charmante nommée Pauline.

On nous fit faire connaissance, et nous sommes restées intimement liées jusqu'à l'époque de nos mariages respectifs, qui nous ont éloignées l'une de l'autre, avec des circonstances que je raconterai en leur lieu.

Pauline, qui fut plus tard une ravissante jeune fille, était un enfant blond, mince, un peu pâle, vif, agréable et fort enjoué. Elle avait une magnifique chevelure bouclée, des yeux bleus superbes, des traits réguliers, et, à peu de chose près, le même âge que moi. Comme sa mère était une femme de beaucoup d'esprit, l'enfant n'était point maniéré. Cependant elle avait une *meilleure tenue* que moi, elle marchait plus légèrement et perdait beaucoup moins souvent ses gants et son mouchoir. Aussi ma grand'mère me la proposait-elle pour modèle à toute heure, moyen infaillible pour me la faire détester si j'avais eu l'amour-propre qu'on voulait me donner, et si je n'avais pas eu toute ma vie un besoin irrésistible de m'attacher aux êtres avec lesquels le hasard me fait vivre.

J'aimai donc tendrement Pauline, qui se laissa aimer. C'était là sa nature. Elle était bonne, sincère, aimable, mais froide. J'ignore si elle a changé. Cela m'étonnerait beaucoup.

Nous prenions toutes nos leçons ensemble, et ma grand'mère n'ayant guère le temps, à Paris, de s'occuper de moi dans le détail, madame de Pontcarré eut la bonté de m'associer aux études de Pauline, comme on associait Pauline à mes leçons. Il vint chez nous pour nous deux, trois fois par semaine, un maître d'écriture, un maître de danse, une maîtresse de musique. Les autres jours, madame de Pontcarré venait me chercher, et c'était elle-même qui se donnait la peine de nous faire repasser les principes, et de nous mettre les mains sur son piano. Elle était excellente musicienne et chantait avec beaucoup de feu et de grandeur. Sa belle voix et les brillants accompagnements qu'elle trouvait sur un instrument moins aigre et plus étendu que le clavecin de Nohant augmentèrent mon goût pour la musique. Après la musique, elle nous enseignait la géographie et un peu d'histoire. Pour tout cela elle se servait des méthodes de l'abbé Gaultier, qui était en vogue alors, et que je crois excellentes. C'était une sorte de jeu avec des boules et des jetons comme au loto, et on apprenait en s'amusant. Elle était fort douce et encourageante avec moi : mais, soit que Pauline fût plus distraite, soit le grand désir qu'ont les mères de pousser leurs enfants à de rapides progrès, elle la brutalisait un peu, et lui pinçait même les oreilles d'une façon toute napoléonienne. Pauline pleurait et criait ; mais la leçon arrivait à bonne fin, et, aussitôt après, madame de Pontcarré nous menait promener et jouer chez sa mère, qui avait un appartement au rez-de-chaussée et un jardin, quelque part comme rue de la Ferme-des-Mathurins ou de la Victoire. Je m'y amusais beaucoup, parce que nous y trouvions souvent des enfants, plus âgés que nous, il est vrai, de quelques années, mais qui voulaient bien nous inviter à leur colin-maillard et à leur partie de barres. C'étaient les enfants de madame Debrosse, seconde fille, je crois, de madame de Fargès, par conséquent les cousins de Pauline. Je ne me rappelle du garçon que le nom d'Ernest ; la fille était déjà une assez grande personne relativement à nous. Mais elle était gaie, vive et fort spirituelle. Elle s'appelait Constance et était alors au couvent des Anglaises, où nous avons été depuis Pauline et moi. Il y avait aussi un jeune garçon qui s'appelait Fernand de Prunelet, dont la figure était agréable malgré un énorme nez. Il était le doyen de nos parties de jeu, par conséquent le plus obligeant et le plus tolérant à l'égard des bouderies ou des caprices des deux petites filles. Nous dinions quelquefois tous ensemble, et, après le dîner, on nous laissait nous évertuer dans la salle à manger, où nous faisions grand vacarme. Les domestiques et même les mamans venaient aussi se mêler aux jeux. C'était une sorte de vie de campagne transportée à Paris, et j'avais grand besoin de cela.

Je voyais aussi de temps en temps ma chère Clotilde, avec qui je me querellais beaucoup plus qu'avec Pauline, parce qu'elle répondait davantage à mon affection et ne prenait pas *mes torts* avec la même insouciance. Elle se fâchait quand je me fâchais, s'obstinait quand je lui en donnais l'exemple, et puis après c'étaient des embrassades et des transports de tendresse comme avec Ursule; mieux encore, car nous avions dormi dans le même berceau, nous avions été nourries du même lait, nos mères donnant le sein à celle de nous qui criait la première; et quoique depuis nous n'ayons jamais passé beaucoup de temps ensemble, il y a toujours eu entre nous comme un amour du sang plus prononcé encore que le degré de notre parenté; nous nous considérions dès l'enfance comme deux sœurs jumelles.

Hippolyte était en demi-pension. Dans l'intervalle des heures qu'il passait à la maison et les jours de congé, il prenait la leçon de danse et la leçon d'écriture avec nous. Je dirai quelque chose de nos maîtres, dont je n'ai rien oublié.

M. Gogault, le maître de danse, était danseur à l'Opéra. Il faisait grincer sa pochette et nous tortillait les pieds pour nous les placer en dehors. Quelquefois Deschartres, assistant à la leçon, renchérissait sur le professeur pour nous reprocher de marcher et de danser comme des ours ou des perroquets. Mais nous, qui détestions le marcher prétentieux de Deschartres, et qui trouvions M. Gogault singulièrement ridicule de se présenter dans une chambre comme un zéphire qui va battre un entrechat, nous nous hâtions, mon frère et moi, de nous tourner les pieds en dedans aussitôt qu'il était parti ; et, comme il nous les disloquait pour leur faire prendre *la première position,* nous nous les disloquions en sens contraire dans la crainte de rester comme il nous voulait arranger. Nous appelions ce travail en cachette *la sixième position.* On sait que les principes de la danse n'en admettent que cinq.

Hippolyte était d'une maladresse et d'une pesanteur épouvantables, et M. Gogault déclarait que jamais pareil cheval de charrue ne lui avait passé par les *mains.* Ses *changements de pieds* ébranlaient toute la maison, ses *battements* entamaient la muraille. Quand on lui disait de relever la tête et de ne pas tendre le cou, il prenait son menton dans sa main et le tenait ainsi en dansant. Le professeur était forcé de rire, tandis que Deschartres exhalait une sérieuse et véhémente indignation contre l'élève, qui croyait pourtant avoir fait preuve de bonne volonté.

Le maître d'écriture s'appelait M. Lubin. C'était un professeur à grandes prétentions et capable de gâter la meilleure main avec ses systèmes. Il tenait à la position du bras et du corps, comme si écrire était une mimique chorégraphique ; mais tout se tenait dans le genre d'éducation que ma grand'-mère voulait nous donner. Il fallait de la *grâce* dans tout. M. Lubin avait donc inventé divers instruments de gêne pour forcer ses élèves à avoir la tête droite, le coude dégagé, trois doigts allongés sur la plume, et le petit doigt étendu sur le papier de manière à soutenir le *poids* de la main. Comme cette régularité de mouvement et cette tension des muscles sont ce qu'il y a de plus antipathique à l'adresse naturelle et à la souplesse des enfants, il avait inventé : 1° pour la tête, une sorte de couronne en baleine ; 2° pour le corps et les épaules, une ceinture qui se rattachait par derrière à la couronne, au moyen d'une sangle ; 3° pour le coude, une barre de bois qui se vissait à la table ; 4° pour l'index de la main droite, un anneau de laiton soudé à un plus petit anneau dans lequel on passait la plume ; 5° pour la position de la main et du petit doigt, une sorte de socle en buis avec des entailles et des roulettes. Joignez à tous ces ustensiles indispensables à l'étude de la calligraphie, selon M. Lubin, les règles, le papier, les plumes et les crayons, toutes choses qui ne valaient rien si elles n'étaient fournies par le professeur, on verra que le professeur faisait un petit commerce qui le dédommageait un peu de la modicité du prix attribué généralement aux leçons d'écriture.

D'abord toutes ces inventions nous firent beaucoup rire, mais au bout de cinq minutes d'essai, nous reconnûmes que c'était un vrai supplice, que les doigts s'ankylosaient, que le bras se roidissait, et que le bandeau donnait la migraine. On ne voulut pas écouter nos plaintes, et nous ne fûmes débarrassées de M. Lubin que lorsqu'il eut réussi à nous rendre parfaitement illisibles.

La maîtresse de piano s'appelait madame de Villiers. C'était une jeune femme, toujours vêtue de noir, intelligente, patiente, et de manières distinguées.

J'avais en outre, pour moi seule, une maîtresse de dessin, mademoiselle Greuze, qui se disait fille du célèbre peintre, et qui l'était peut-être. C'était une bonne personne, qui avait peut-être aussi du talent, mais qui ne travaillait guère à m'en donner, car elle m'enseignait, de la manière la plus bête du monde, à faire des hachures avant de savoir dessiner une ligne, et à arrondir de gros vilains yeux avec d'énormes cils qu'il fallait compter un à un avant d'avoir l'idée de l'ensemble d'une figure.

En somme, toutes ces leçons étaient un peu de l'argent perdu. Elles étaient trop superficielles pour nous apprendre réellement aucun art. Elles n'avaient qu'un bon résultat, c'était de nous occuper et de nous faire prendre l'habitude de nous occuper nous-mêmes. Mais il eût mieux valu éprouver nos facultés, et nous tenir ensuite à une spécialité que nous eussions pu acquérir. Cette manière d'apprendre un peu de tout aux demoiselles est certainement meilleure que de ne leur rien apprendre; c'est encore l'usage, et on appelle cela leur *donner des talents d'agrément,* agrément que nient, par parenthèse, les infortunés voisins condamnés à entendre des journées entières certaines études de chant ou de piano. Mais il me semble que chacune de nous est propre à une certaine chose, et que celles qui, dans l'enfance, ont de l'aptitude pour tout n'en ont pour rien par la suite. Dans ce cas-là, il faudrait choisir et développer l'aptitude qui domine. Quant aux jeunes filles qui n'en ont aucune, il ne faudrait pas les abrutir par des études qu'elles ne comprennent pas et qui parfois les rendent sottes et vaines, de simples et bonnes qu'elles étaient naturellement.

Il y a pourtant à considérer le bon côté en toutes choses, et celui de l'éducation que je critique est de développer simultanément toutes les facultés, par conséquent de compléter l'âme pour ainsi dire. Tout se tient dans l'intelligence comme dans les émotions de l'être humain. C'est un grand malheur que d'être absolument étranger aux jouissances de la peinture lorsqu'on est musicien, et réciproquement. Le poëte se complète par le sentiment de tous les arts et n'est pas impunément insensible à un seul. La philosophie des anciens, continuée en partie au moyen âge et pendant la renaissance, embrassait tous les développements de l'esprit et du corps, depuis la gymnastique jusqu'à la musique, aux langues, etc. Mais c'était un ensemble logique, et la philosophie était toujours au faîte de cet édifice. Les diverses branches de l'instruction se rattachaient à l'arbre de la science, et quand on apprenait la déclamation et les différents modes de la lyre, c'était pour célébrer les dieux, ou pour répandre les chants sacrés des poëtes. Cela ne ressemblait guère à ce que nous faisons aujourd'hui en apprenant une sonate ou une romance. Nos arts si perfectionnés sont en même temps profanés dans leur essence, et nous peignons assez bien le peu de dignité de leur usage en les appelant arts d'agrément dans le monde.

L'éducation étant ce qu'elle est, je ne regrette pas que ma bonne grand'mère m'ait forcée de bonne heure à saisir ces différentes notions. Si elles n'ont produit chez moi aucun résultat d'*agrément* pour les autres, elles ont du moins été pour moi-même une source de pures et inaltérables jouissances, et m'étant inculquées dans l'âge où l'intelligence est fraîche et facile, elles ne m'ont causé ni peine ni dégoût.

J'en excepte pourtant la danse, que M. Gogault me rendait ridicule, et le grand art de la calligraphie, que M. Lubin me rendait odieux. Lorsque l'abbé d'Andrezel venait voir ma grand'mère, il entrait quelquefois dans la chambre où nous prenions nos leçons, et à la vue de M. Lubin, il s'écriait :

« Salut à M. le professeur de *belles-lettres!* » titre que M. Lubin, soit qu'il comprît ou non le calembour, acceptait fort gravement. « Ah! grand Dieu, disait ensuite l'abbé, si on enseignait les véritables belles-lettres à l'aide de carcans, de camisoles de force et d'anneaux de fer, suivant la méthode Lubin, combien de littérateurs nous aurions de moins, mais combien de pédants de plus! »

Nous occupions alors un très-joli appartement rue Thiroux, n° 8. C'était un entre-sol assez élevé pour un entre-sol, et vaste pour un appartement de Paris.

Il y avait, comme dans la rue des Mathurins, un beau salon où l'on n'entrait jamais. La salle à manger donnait sur la rue. Mon piano était entre les deux fenêtres. Mais le bruit des voitures, les cris de Paris, bien plus fréquents et plus variés à cette époque qu'ils ne le sont aujourd'hui, les orgues de Barbarie et le passage des visiteurs me dérangeaient tellement, que je n'étudiais avec aucun plaisir et seulement pour l'acquit de ma conscience.

La chambre à coucher, qui était réellement le salon de ma grand'mère, donnait sur une cour terminée par un jardin et un grand pavillon dans le goût de l'empire, où demeurait, je crois, un ex-fournisseur des armées. Il nous permettait d'aller courir dans son jardin, qui n'était en réalité qu'un fond de cour planté et sablé, mais où nous trouvions moyen de faire bien du chemin. Au-dessus de nous demeurait madame Périer, fort jolie et pimpante personne, belle-sœur de Casimir Périer. Au second, c'était le général Maison, soldat parvenu, dont la fortune était certainement respectable, mais qui a été un des premiers à abandonner l'empereur en 1814. Ses équipages, ses ordonnances, ses mulets couverts de bagages (je crois qu'il partait pour l'Espagne à cette époque, ou qu'il en revenait) remplissaient la cour et la maison de bruit et de mouvement ; mais ce qui me frappait le plus, c'était sa mère, vieille paysanne qui n'avait rien changé à son costume, à son langage et à ses habitudes de parcimonie rustique ; toute tremblotante et cassée qu'elle était, elle assistait dans la cour, par le plus grand froid, au sciage des bûches et au mesurage du charbon. Elle avait des querelles de l'autre monde avec le concierge, à qui elle arrachait des mains la bûche dite *du portier*, lorsqu'il la choisissait un peu trop grosse. Cela avait son beau et son mauvais côté ; mais je défie que d'ici à longtemps on fasse passer le paysan de la misère à la richesse sans porter son avarice à l'extrême. L'existence de cette pauvre vieille était une fatigue, un souci, une fureur sans relâche.

Nous avons occupé cet appartement de la rue Thiroux jusqu'en 1816. En 1832 ou 33, cherchant à me loger, j'ai aperçu un écriteau sur la porte et je suis entrée, espérant que c'était le logement de ma grand'mère qui se trouvait vacant. Mais c'était le pavillon du fond et on en demandait, je crois, dix-huit cents francs, prix beaucoup trop élevé pour mes ressources à cette époque. Je me suis pourtant donné le plaisir d'examiner ce pavillon afin de parcourir la cour plantée, où rien n'était changé, et de voir en face les croisées de la chambre de ma bonne maman, d'où elle me faisait signe de rentrer lorsque je m'oubliais dans le jardin. Tout en causant avec le portier, j'appris que cette maison n'avait pas changé de propriétaire, que ce propriétaire existait toujours et qu'il occupait précisément l'appartement de l'entre-sol que je convoitais. Je voulus, du moins, avoir la satisfaction de revoir cet appartement, et, sous prétexte de marchander le pavillon, je me fis annoncer à M. *Buquet.* Il ne me reconnut pas, et je ne l'aurais pas reconnu non plus. Je l'avais perdu de vue jeune encore et ingambe. Je retrouvai un vieillard qui ne sortait plus de sa chambre et qui, pour faire apparemment un peu d'exercice commandé par le médecin, avait installé un billard à côté de son lit, dans la propre chambre de ma grand'mère. Du reste, sauf ma chambre qui avait été jointe à un autre appartement, rien n'était changé dans la disposition des autres pièces; les ornements dans le goût de l'empire, les plafonds, les portes, les lambris, je crois même le papier de l'antichambre, étaient les mêmes que de mon temps. Mais tout cela était noir, sale, enfumé et puant le caporal, au lieu des exquises senteurs de ma grand'mère. Je fus surtout frappée de la petitesse de la maison, de la cour, du jardin et des chambres, qui jadis me paraissaient si vastes et qui étaient restés ainsi dans mes souvenirs. Mon cœur se serra de retrouver si laide, si triste et si sombre cette habitation toute pleine de mes souvenirs.

J'ai, du moins, encore une partie des meubles qui me retracent mon enfance, et même le grand tapis qui nous amusait tant Pauline et moi. C'est un tapis Louis XV avec des ornements qui tous avaient un nom et un sens pour nous. Tel rond était une île, telle partie du fond un bras de mer à traverser. Une certaine rosace à flammes pourpres était l'enfer, de certaines guirlandes étaient le paradis, et une grande bordure représentant des ananas était la forêt Hercynia. Que de voyages fantastiques, périlleux ou agréables nous avons faits sur ce vieux tapis avec nos petits pieds! La vie des enfants est un miroir magique, où les objets réels deviennent les riantes images de leurs rêves; mais un jour arrive où le talisman perd sa vertu, ou bien la glace se brise et les éclats sont dispersés pour ne jamais se réunir.

Tel fut pour moi l'éparpillement de toutes les personnes et de presque toutes les choses qui remplirent ma vie de Paris jusqu'à l'âge de dix-sept ou dix-huit ans. Ma grand'mère et tous ses vieux amis des deux sexes moururent un à un, mes relations changèrent. Je fus oubliée, et j'oubliai moi-même une grande partie des êtres que j'avais vus tous les jours pendant si longtemps; j'entrai dans une nouvelle phase de ma vie; qu'on me pardonne donc de trop m'arrêter dans celle qui a disparu pour moi tout entière.

Je voyais de temps en temps les neveux de mon père et la nombreuse famille qui se rattachait à l'aîné surtout, René, celui qui habitait le joli petit hôtel de la rue de Grammont. Je n'ai encore rien dit de ses enfants, afin de ne pas embrouiller mon lecteur dans cette complication de générations, et, au reste, je n'ai rien à dire de son fils Septime, que j'ai peu connu et qui ne m'était point sympathique. Le rêve de ma grand'mère était de me marier avec lui ou avec son cousin Léonce, fils d'Auguste, mais je n'étais pas un parti assez riche pour eux, et je crois que ni eux ni leurs parents n'y songèrent jamais. Les propos des bonnes me mirent de bonne heure, malgré moi, au courant de cette rêverie de ma bonne grand'mère, et c'est une grande sottise de tourmenter les enfants par ces idées de mariage. Je m'en préoccupai longtemps avant l'âge où il eût été nécessaire d'y songer, et cela produisit en moi une grande inquiétude d'esprit. Léonce me plaisait comme un enfant peut plaire à un autre enfant ; il était gai, vif et obligeant. Septime était froid et taciturne, du moins il me semblait tel, parce que je me croyais destinée à lui plus particulièrement, ma grand'mère ayant plus d'amitié pour son père que pour celui de Léonce. Mais que ce fût Léonce ou Septime, j'avais une grande terreur de l'une ou de l'autre union, parce que, depuis la mort de mon père, leurs parents ne voyaient point ma mère et la maltraitaient beaucoup dans leur opinion.

Je pensais donc que mon mariage serait le signal d'une rupture forcée avec ma mère, ma sœur et ma chère Clotilde, et j'étais dès lors si soumise de fait à ma grand'mère, que l'idée de résister à sa volonté ne se présentait pas encore à mon esprit. J'étais donc toujours assez mal à l'aise avec tous les Villeneuve, quoique d'ailleurs je les aimasse beaucoup ; et quelquefois, en jouant chez eux avec leurs enfants, il me venait des envies de pleurer au milieu de mes rires. Appréhensions chimériques, souffrances gratuites! Personne ne pensait alors à me séparer de ma mère, et ces enfants, plus heureux que moi, ne songeaient guère à enchaîner leur liberté ou la mienne dans l'avenir.

La sœur de Septime, Emma de Villeneuve, aujourd'hui madame de la Roche-Aymon, était une charmante personne, gracieuse, douce et sensible, pour qui j'ai ressenti dès mon enfance une sympathie particulière. J'étais à l'aise avec elle, et pour peu qu'elle eût deviné les idées qui me tourmentaient, je lui aurais ouvert mon cœur au moindre encouragement de sa part. Mais elle était bien loin de penser qu'après avoir ri sur ses genoux et gambadé autour d'elle, je m'en allais pleine de mélancolie, et me reprochant en quelque sorte l'amitié que j'éprouvais pour mes parents paternels, pour ceux que l'on m'avait présentés comme les ennemis de ma mère.

La mère d'Emma et de Septime, madame René de Villeneuve, était une des plus jolies femmes de la cour impériale. Elle était à cette époque dame d'honneur de la reine Hortense. Je la voyais quelquefois le soir avec des robes à queue et des diadèmes à l'antique, ce qui m'éblouissait grandement; mais je la craignais, je ne sais pourquoi.

René était chambellan du roi Louis. C'est un des hommes les plus aimables que j'aie connus. Je l'ai aimé comme un père jusqu'au moment où tout s'est brisé autour de moi. Et puis, sur ses vieux jours, il m'a appelée dans ses bras, et j'y ai couru de grand cœur. On ne boude pas contre soi-même.

Hippolyte ne fit pas long feu dans la pension où Deschartres l'avait installé. Il y trouva des garçons aussi fous et encore plus malins que lui, qui développèrent si bien ses heureuses dispositions pour le tapage et l'indiscipline que ma grand'mère, voyant qu'il travaillait encore moins qu'à Nohant, le reprit au moment de notre départ.

C'est pendant l'hiver dont je viens de parler que se firent les immenses préparatifs de la campagne de Russie. Dans toutes les maisons où nous allions nous rencontrions des officiers partant pour l'armée et venant faire leurs adieux à leur famille. On n'était pas assuré de pénétrer jusqu'au cœur de la Russie. On était si habitué à vaincre qu'on ne doutait pas d'obtenir satisfaction par des traités glorieux aussitôt qu'on aurait passé la frontière et livré quelques batailles dans les premières marches russes. On se faisait si peu l'idée du climat, que je me souviens d'une vieille dame qui voulait donner toutes ses fourrures à un sien neveu, lieutenant de cavalerie, et cette précaution maternelle le faisait beaucoup rire. Jeune et fier dans son petit dolman pincé et étriqué, il montrait son sabre, et disait que c'était avec cela qu'on se réchauffait à la guerre. La bonne dame lui disait qu'il allait dans un pays toujours couvert de neige ; mais on était au mois d'avril, les jardins fleurissaient, l'air était tiède. Les jeunes gens, et les Français surtout, croient volontiers que le mois de décembre n'arrivera jamais pour eux. Ce fier jeune homme a dû regretter plus d'une fois les fourrures de sa vieille tante lors de la fatale retraite.

Les gens avisés, et Dieu sait qu'il n'en manque point après l'événement, ont prétendu qu'ils avaient tous mal auguré de cette gigantesque entreprise, qu'ils avaient blâmé Napoléon comme un conquérant téméraire, enfin qu'ils avaient eu le pressentiment de quelque immense désastre. Je n'en crois rien, ou du moins je n'ai jamais entendu exprimer ces craintes, même chez les personnes ennemies, par système ou par jalousie, des grandeurs de l'empire. Les mères qui voyaient partir leurs enfants se plaignaient de l'infatigable activité de l'empereur, et se livraient aux inquiétudes et aux regrets personnels inévitables en pareil cas. Elles maudissaient le *conquérant*, *l'ambitieux*, mais jamais je ne vis chez elles le moindre doute du succès, et j'entendais tout, je comprenais tout à cette époque. La pensée que Napoléon pût être vaincu ne se présenta jamais qu'à l'esprit de ceux qui le trahissaient. Ils savaient bien que c'était le seul moyen de le vaincre. Les gens prévenus, mais honnêtes, avaient en lui, tout en le maudissant, la confiance la plus absolue, et j'entendais dire à une des amis de ma grand'mère : « Eh bien, quand nous aurons pris la Russie, qu'est-ce que nous en ferons ? »

D'autres disaient qu'il méditait la conquête de l'Asie ; et que la campagne de Russie n'était qu'un premier pas vers la Chine. « Il veut être le maître du monde, s'écriait-on, et il ne respecte les droits d'aucune nation. Où s'arrêtera-t-il ? Quand se trouvera-t-il satisfait ? C'est intolérable, tout lui réussit. »

Et personne ne disait qu'il pouvait éprouver des revers et faire payer cher à la France la gloire dont il l'avait enivrée.

Nous revînmes à Nohant avec le printemps de 1812 ; ma mère vint passer une partie de l'été avec nous, et Ursule, qui retournait tous les hivers chez ses parents, me fut rendue à ma grande joie, et à la sienne aussi. Outre l'affection qu'Ursule avait pour moi, elle adorait Nohant. Elle était plus sensible que moi au bien-être, et elle jouissait plus que moi de la liberté, puisque, sauf quelques leçons de couture et de calcul que lui donnait sa tante Julie, elle était livrée à une complète indépendance. Je dois dire qu'elle n'en abusait pas, et que par caractère elle était laborieuse. Ma mère lui apprenait à lire et à écrire, et tandis que je prenais mes autres leçons avec Deschartres ou avec ma bonne maman, bien loin de songer à aller courir, elle restait auprès de ma mère, qu'elle adorait et qu'elle entourait des plus tendres soins. Elle savait se rendre utile, et ma mère regrettait de n'avoir pas le moyen de l'emmener à Paris pendant l'hiver.

Ce maudit hiver était le désespoir de ma pauvre Ursule. Toute différente de moi en ceci, elle se croyait exilée quand elle retournait dans sa famille. Ce n'est pas que ses parents fussent dans la misère. Son père était chapelier et gagnait assez d'argent, surtout dans les foires, où il allait vendre des chapeaux à pleines charretées aux paysans. Sa femme, pour aider à son débit, tenait ramée dans ses foires ; mais ils avaient beaucoup d'enfants, et de la gêne, par conséquent.

Ursule ne pouvait supporter sans se plaindre ce changement annuel de régime et d'habitudes. On pensa que le *richement* menaçait de lui tourner la tête, on commença à regretter de lui avoir fait manger *son pain blanc le premier*, et on parla de la reprendre et de la mettre en apprentissage pour lui donner une profession. Je ne voulais pas entendre parler de cela, et ma grand'mère hésita quelque temps. Elle avait quelque désir de garder Ursule, disant qu'un jour elle pourrait gouverner ma maison et s'y rendre utile en ne cessant pas d'être heureuse ; mais il y avait du temps jusque-là ; on ne savait ce qui pourrait arriver, et Ursule n'était pas d'un caractère à être jamais une *fille de chambre*. Elle avait trop de fierté, de franchise et d'indépendance pour faire penser qu'elle se plierait aux volontés des autres pour de l'argent. Il lui fallait une *fonction* et non un service domestique. C'était donc une position à lui assurer dans une famille qu'elle aimerait et dont elle serait aimée. Si, par quelque événement imprévu, la nôtre venait à lui manquer, que deviendrait-elle, sans profession acquise et avec l'habitude du bien-être ? Mademoiselle Julie pensait judicieusement que la pauvre enfant serait horriblement malheureuse, et elle insista pour qu'on ne la laissât pas plus longtemps s'accoutumer à ce *chez nous* dont le souvenir la tourmentait si fort en notre absence. Ma grand'mère céda, et il fut décidé qu'Ursule s'en irait tout à fait au moment où nous repartirions pour Paris, mais que jusque-là on ne ferait part de cette résolution ni à elle ni à moi, afin de ne pas troubler notre bonheur présent. C'était en effet la fin de mon bonheur qui approchait ; avec Ursule je devais bientôt perdre la présence assidue de ma mère et tomber sous le joug et dans la société des femmes de chambre.

Cet été de 1812 fut donc encore sans nuage. Tous les dimanches, les trois sœurs d'Ursule venaient passer la journée avec nous. L'aînée, qu'on appelait de son nom de famille féminisé, selon la coutume du pays, était une belle personne, d'une bonté angélique et à laquelle j'ai conservé une grande sympathie de cœur ; elle nous chantait des rondes, nous enseignait le *cob*, la *marelle*, les *évalines*, le *traîne-balin*, l'*aveuglat* [1], enfin tous les

---

[1] L'*aveuglat* est une sorte de colin-maillard. Le *cob* et les *évalines* sont une manière de jouer aux osselets avec une grosse bille de marbre. Le *traîne-balin* s'appelle, je crois, les *petits paquets* à Paris. La marelle doit être connue dans beaucoup de provinces ; elle est expliquée dans les notes du *Gargantua* par Esmangard. Un grave antiquaire du Berry s'est donné la peine de composer un ouvrage sur l'étymologie du

jeux du Berry dont le nom est aussi ancien que l'usage, et qu'on ne retrouverait même pas tous dans l'immense nomenclature des jeux d'enfants rapportés dans le *Gargantua*.

Toutes ces amusettes nous passionnaient. La maison, le jardin et le petit bois retentissaient de nos jeux et de nos rires. Mais vers la fin de la journée j'en avais assez, et s'il avait fallu passer ainsi deux journées de suite, je n'aurais pas pu y tenir. J'avais déjà pris l'habitude du travail, et je souffrais d'une sorte d'ennui indéfinissable au milieu de mes amusements. Pour rien au monde je ne me serais avoué à moi-même que je regrettais ma leçon de musique ou d'histoire, et pourtant elle me manquait à mon insu. Mon cerveau, abandonné à la dérive au milieu de ces plaisirs enfantins et de cette activité sans but, arrivait à la satiété ; et n'eût été la joie de revoir ma chère *Godignonne*, j'aurais désiré, le dimanche soir, que les sœurs d'Ursule ne revinssent pas le dimanche suivant ; mais, le dimanche suivant, ma gaieté et mon ardeur au jeu revenaient dès le matin, et duraient encore une partie de la journée.

Nous eûmes cette année-là une nouvelle visite de mon oncle de Beaumont, et la fête de ma bonne

---

mot *évaline*. Il n'a pas osé se risquer pour le *cob*. Cela devenait sans doute trop ardu et trop sérieux.

maman fut de nouveau préparée avec des *surprises*. Nous n'étions déjà plus assez naïves et assez confiantes en nous-mêmes pour désirer de jouer la comédie. Mon oncle se contenta de faire des couplets sur l'air de la *Pipe de tabac*, que je dus chanter à déjeuner en présentant mon bouquet. Ursule eut un long compliment en prose, moitié sérieux, moitié comique, à dégoiser. Hippolyte dut jouer sans faire une seule faute le menuet de Fischer sur le flageolet, et même il eut l'honneur, ce jour-là, de souffler et de cracher dans le flageolet d'ébène de Deschartres.

Les visites que nous recevions et que nous rendions me mettaient en rapport avec de jeunes enfants qui sont restés les amis de toute ma vie. Le capitaine Fleury, dont il est question dans les premières lettres de mon père, avait un fils et une fille. La fille, charmante et excellente personne, est morte peu d'années après son mariage ; son frère Alphonse est resté un frère pour moi. M. et madame Duvernet, les amis de mon père et les compagnons de ses joyeux essais dramatiques en 1797, avaient un fils que je n'ai guère perdu de vue depuis qu'il est au monde, et que j'appelle aujourd'hui mon vieux ami, bien qu'il soit plus jeune que moi. Enfin notre plus proche voisin habitait et habite encore un joli château de la renaissance, ancienne appartenance de Diane de Poitiers. Ce voisin, M. Papet, amenait sa femme et ses enfants passer la journée chez nous, et son fils Gustave était encore en robe quand nous fîmes connaissance. Voilà trois pères de famille que j'ai connus en petits jupons et en bourrelets, que j'ai pris dans mes bras déjà robustes pour leur faire cueillir des cerises aux arbres de mon jardin, qui m'ont tyrannisée des journées entières (car dès mon enfance j'ai aimé les petits enfants avec une passion maternelle), et qui, souvent depuis, se sont crus pourtant plus raisonnables que moi. Les deux aînés sont déjà un peu chauves et moi je grisonne. J'ai peine aujourd'hui à leur persuader qu'ils sont des enfants, et ils ne se souviennent plus des innombrables *méfaits* que j'ai à leur reprocher. Il est vrai que des amitiés de quarante ans ont pu réparer bien des sottises, robes déchirées, joujoux cassés, exigences furibondes ; j'en passe, et des meilleures ! C'était un peu ma faute, et je ne pouvais pas m'empêcher de rire, avec mon frère et Ursule, de leurs turpitudes. Il n'y avait pas si longtemps que nous les trouvions charmantes à commettre pour notre propre compte.

Au milieu de nos jeux et de nos songes dorés, les nouvelles de Russie vinrent, à l'automne, jeter des notes lugubres et faire passer sous nos yeux hallucinés des images effrayantes et douloureuses. Nous commencions à écouter la lecture des journaux, et l'incendie de Moscou me frappa comme un grand acte de patriotisme. Je ne sais pas aujourd'hui s'il faut juger ainsi cette catastrophe. La manière dont les Russes nous faisaient la guerre est, à coup sûr, quelque chose d'inhumain et de farouche qui ne peut pas avoir d'analogue chez les nations libres. Dévaster ses propres champs, brûler ses maisons, affamer de vastes contrées pour livrer au froid et à la faim une armée d'invasion serait héroïque de la part d'une population qui agirait ainsi de son propre mouvement ; mais le czar russe, qui ose dire, comme Louis XIV, l'*État, c'est moi,* ne consultait pas les populations esclaves de la Russie. Il les arrachait de leurs demeures, il dévastait leurs terres, il les faisait chasser devant ses armées comme de misérables troupeaux, sans les consulter, sans s'inquiéter de leur laisser un asile, et ces malheureux eussent été infiniment moins opprimés, moins ruinés et moins désespérés par notre armée victorieuse, qu'ils ne le furent par leur propre armée obéissant aux ordres sauvages d'une autorité sans merci, sans entrailles, sans notion aucune du droit humain.

En supposant que Rostopchin eût pris conseil, avant de brûler Moscou, de quelques riches et puissantes familles, la population de cette vaste cité n'en eut pas moins l'obligation de subir le sacrifice de ses maisons et de ses biens, et il est permis de douter qu'elle y eût consenti unanimement, si elle eût pu être consultée, si elle eût eu des réclamations à faire entendre, des droits à faire valoir. La guerre de Russie, c'est le navire battu de l'orage qui jette à l'eau sa cargaison pour alléger son lest. Le czar, c'est le capitaine ; les ballots qu'on submerge, c'est le peuple, le navire qu'on sauve, c'est la politique du souverain. Si jamais autorité a méprisé profondément et compté pour rien la vie et la propriété des hommes, c'est dans les monarchies absolues qu'il faut aller chercher l'idéal d'un pareil système. Mais l'autorité de Napoléon recommença, dès ce moment de nos désastres en Russie, à représenter l'individualité, l'indépendance et la dignité de la France. Ceux qui en jugèrent autrement pendant la lutte de nos armées avec la coalition tombèrent dans une erreur fatale. Les uns, ceux qui se préparaient à trahir, commirent sciemment ce mensonge envers la conscience publique. D'autres, les pères du *libéralisme* naissant, y tombèrent probablement de bonne foi. Mais l'histoire commence à faire justice de leur rôle en cette affaire. Ce n'était pas le moment de s'aviser des empiétements de l'empereur sur nos libertés politiques, lorsque le premier représentant de notre libéralisme allait être le Russe Alexandre.

J'avais donc huit ans quand j'entendis débattre pour la première fois ce redoutable problème de l'avenir de la France. Jusque-là je regardais ma nation comme invincible, et le trône impérial comme celui de Dieu même. On suçait avec le lait, à cette époque, l'orgueil de la victoire. La chimère de la noblesse s'était agrandie, communiquée à toutes les classes. Naître Français, c'était une illustration, un titre. L'aigle était le blason de la nation tout entière.

CHAPITRE CINQUIÈME

L'armée et l'empereur perdus pendant quinze jours. — Vision. — Un mot de l'empereur sur mon père. — Les prisonniers allemands. — Les Tyroliennes. — Séparation d'avec Ursule. — Le tutoiement. — Le grand lit jaune. — La tombe de mon père. — Les jolis mots de M. de Talleyrand. — La politique des vieilles comtesses. — Un enfant patriote. — Autre vision. — Madame de Béranger et ma mère. — Les soldats affamés en Sologne. — L'aubergiste *jacobin*. — Maladie de ma grand'mère. — Madame de Béranger dévaste notre jardin. — Le corset. — *Lorette* de Béranger. — Entrée des alliés à Paris. — Opinion de ma grand'mère sur les Bourbons. — Le boulet de canon. — Les belles dames et les Cosaques.

Les enfants s'impressionnent à leur manière des faits généraux et des malheurs publics. On ne parlait d'autre chose autour de nous que de la campagne de Russie, et pour nous c'était quelque chose d'immense et de fabuleux comme les expéditions d'Alexandre dans l'Inde.

Ce qui nous frappa extrêmement, c'est que pendant quinze jours, si je ne me trompe, on fut sans nouvelles de l'empereur et de l'armée. Qu'une masse de trois cent mille hommes, que Napoléon, l'homme qui remplissait l'univers de son nom et l'Europe de sa présence, eussent ainsi disparu comme un pèlerin que la neige engloutit, et dont on ne retrouve pas même le cadavre, c'était pour moi un fait incompréhensible. J'avais des rêves bizarres, des élans d'imagination qui me donnaient la fièvre et remplissaient mon sommeil de fantômes. Ce fut alors qu'une singulière fantaisie, qui m'est restée longtemps après, commença à s'emparer de mon cerveau excité par les récits et les commentaires qui frappaient mes oreilles. Je me figurais, à un certain moment de ma rêverie, que j'avais des ailes, que je franchissais l'espace, et que, ma vue plongeant sur les abîmes de l'horizon, je découvrais les vastes neiges, les steppes sans fin de la Russie blanche ; je planais, je m'orientais dans les airs, je découvrais enfin les colonnes errantes de nos malheureuses légions ; je les guidais vers la France, je leur montrais le chemin, car ce qui me tourmentait le plus, c'était de me figurer qu'elles ne savaient où elles étaient et qu'elles s'en allaient vers l'Asie, s'enfonçant de plus en plus dans les déserts, en tournant le dos à l'Occident. Quand je revenais à moi-même, je me sentais fatiguée et brisée par le long vol que j'avais fourni, mes yeux étaient éblouis par la neige que j'avais regardée ; j'avais froid, j'avais faim, mais j'éprouvais une grande joie d'avoir sauvé l'armée française et son empereur.

9.

Enfin, vers le 25 décembre nous apprîmes que Napoléon était à Paris. Mais son armée restait derrière lui, engagée encore pour deux mois dans une retraite horrible, désastreuse. On ne sut officiellement les souffrances et les malheurs de cette retraite qu'assez longtemps après. L'empereur à Paris, on croyait tout sauvé, tout réparé. Les bulletins de la grande armée et les journaux ne disaient qu'une partie de la vérité. Ce fut par les lettres particulières, par les récits de ceux qui échappèrent au désastre, qu'on put se faire une idée de ce qui s'était passé.

Parmi les familles que ma grand'mère connaissait, il y eut un jeune officier qui était parti à seize ans pour cette terrible campagne. Il grandit de toute la tête au milieu de ces marches forcées et de ces fatigues inouïes. Sa mère, n'entendant plus parler de lui, le pleurait. Un jour, une espèce de brigand d'une taille colossale et bizarrement accoutré se précipite dans sa chambre, tombe à ses genoux et la presse dans ses bras. Elle crie de peur d'abord, et bientôt de joie. Son fils avait près de six pieds [1]. Il avait une longue barbe noire, et en guise de pantalon, un jupon de femme, la robe d'une pauvre vivandière tombée gelée au milieu du chemin.

---

[1] On assurait qu'il avait grandi d'un pied pendant la campagne.

Je crois que c'est ce même jeune homme qui eut peu de temps après un sort pareil à celui de mon père. Sorti sain et sauf des extrêmes périls de la guerre, il se tua à la promenade ; son cheval emporté vint se briser avec lui contre le timon d'une charrette. L'empereur, ayant appris cet accident, dit d'un ton brusque : « Les mères de famille prétendent que je fais tuer tous leurs enfants à la guerre, en voilà un pourtant dont je n'ai pas à me reprocher la mort. C'est comme M. Dupin ! Est-ce encore ma faute si celui-là a été tué par un mauvais cheval ? »

Ce rapprochement entre M. de *** et mon père montre la merveilleuse mémoire de l'empereur. Mais à quel propos se plaignait-il ainsi de la haine des mères de famille ? C'est ce que je n'ai pu savoir. Je ne me souviens pas de l'époque précise de la catastrophe de M. de ***. Ce devait être dans un moment où la France aristocratique abandonnait la cause de l'empereur, et où celui-ci faisait d'amères réflexions sur sa destinée.

Il m'est impossible de me rappeler si nous allâmes à Paris dans l'hiver de 1812 à 1813. Cette partie de mon existence est tout à fait sortie de ma mémoire. Je ne saurais dire non plus si ma mère vint à Nohant dans l'été de 1813. Il est probable que oui, car dans le cas contraire j'aurais eu du chagrin, et je me souviendrais.

Le calme s'était rétabli dans ma tête à l'endroit de la politique. L'empereur était reparti de Paris, la guerre avait recommencé en avril. Cet état de guerre extérieure était alors comme un état normal, et on ne s'inquiétait que lorsque Napoléon n'agissait pas d'une manière ostensible. On l'avait dit abattu et découragé après son retour de Moscou. Le découragement d'un seul homme, c'était encore le seul malheur public qu'on voulût admettre et qu'on osât prévoir. Dès le mois de mai les victoires de Lutzen, Dresde et Bautzen relevèrent les esprits. L'armistice dont on parlait me parut la sanction de la victoire. Je ne pensais plus à avoir des ailes et à voler au secours de nos légions. Je repris mon existence de jeux, de promenades et d'études faciles.

Dans le courant de l'été, nous eûmes un passage de prisonniers. Le premier que nous vîmes fut un officier qui s'était assis au bord de la route, sur le seuil d'un petit pavillon qui ferme notre jardin de ce côté-là. Il avait un habit de drap fin, de très-beau linge, des chaussures misérables, et un portrait de femme attaché à un ruban noir sur sa poitrine. Nous le regardions curieusement mon frère et moi, tandis qu'il examinait ce portrait d'un air triste, mais nous n'osâmes pas lui parler. Son domestique vint le rejoindre. Il se leva et se remit en route sans faire attention à nous. Une heure après, il passa un groupe assez considérable d'autres prisonniers. Ils se dirigeaient sur Châteauroux. Personne ne les conduisait ni les surveillait. Les paysans les regardaient à peine.

Le lendemain, comme nous jouions mon frère et moi auprès du pavillon, un de ces pauvres diables vint à passer. La chaleur était accablante. Il s'arrêta et s'assit sur cette marche du pavillon qui offrait aux passants un peu d'ombre et de fraîcheur. Il avait une bonne figure de paysan allemand, lourde, blonde et naïve. Cela nous enhardit à lui parler, mais il nous répondit : « Moi pas comprend. » C'était tout ce qu'il savait dire en français. Alors je lui demandai par signes s'il avait soif. Il me répondit en me montrant l'eau du fossé d'un air d'interrogation. Nous lui fîmes comprendre qu'elle n'était pas bonne à boire, et qu'il eût à nous atttendre. Nous courûmes lui chercher une bouteille de vin et un énorme morceau de pain, sur lesquels il se précipita avec des exclamations de joie et de reconnaissance, et quand il se fut restauré, il nous tendit la main à plusieurs reprises. Nous pensions qu'il voulait de l'argent, et nous n'en avions pas. J'allais en demander pour lui à ma grand'mère, lorsqu'il devina ma pensée. Il me retint, et nous fit entendre que ce qu'il voulait de nous, c'était une poignée de main. Il avait les yeux pleins de larmes, et après avoir bien cherché, il vint à bout de nous dire : « *Enfants très-pons!* »

Nous revînmes tout attendris raconter à ma bonne maman notre aventure. Elle se prit à pleurer, songeant au temps où son fils avait eu un sort pareil chez les Croates. Puis, comme de nouvelles colonnes de prisonniers paraissaient sur la route, elle fit porter au pavillon une pièce de vin du pays et une provision de pain. Nous en prîmes possession, mon frère et moi, et nous eûmes récréation toute la journée, afin de pouvoir remplir l'office de cantiniers jusqu'au soir. Ces pauvres gens étaient d'une grande discrétion, d'une douceur parfaite, et nous montraient une vive reconnaissance pour ce pauvre morceau de pain et ce verre de vin offerts en passant, sans cérémonie. Ils paraissaient touchés surtout de voir deux enfants leur faire les honneurs, et pour nous remercier, ils se groupaient en chœur et nous chantaient des tyroliennes qui me charmèrent. Je n'avais jamais entendu rien de semblable. Ces paroles étrangères, ces voix justes chantant en parties, et cette classique vocalisation gutturale qui marque le refrain de leurs airs nationaux étaient alors choses très-nouvelles en France, et ce n'est pas sur moi seulement qu'elles produisirent de l'effet. Tous les prisonniers allemands internés dans nos provinces y furent traités avec la douceur et l'hospitalité naturelles autrefois au Berrichon; mais ils durent à leurs chants et à leur talent pour la valse plus de sympathie et de bons traitements que la pitié ne leur en eût assuré. Ils furent les compagnons et les amis de toutes les familles où ils s'établirent ; quelques-uns même s'y marièrent.

Je crois bien que cette année-là fut la première que je passai à Nohant sans Ursule. Probablement nous avions été à Paris pendant l'hiver, et, à mon retour, la séparation était un fait préparé et accompli, car je ne me rappelle pas qu'il ait amené de la surprise et des larmes. Je sais que cette année-là, ou la suivante, Ursule venait me voir tous les dimanches, et nous étions restées tellement liées, que je ne passais pas un samedi sans lui écrire une lettre pour lui recommander de venir le lendemain, et pour lui envoyer un petit cadeau. C'était toujours quelque niaiserie de ma façon, un ouvrage en perles, une découpure en papier, un bout de broderie. Ursule trouvait tout cela magnifique et en faisait des reliques d'amitié.

Ce qui me surprit et me blessa beaucoup, c'est que tout d'un coup elle cessa de me tutoyer. Je crus qu'elle ne m'aimait plus, et quand elle m'eut protesté de son attachement, je crus que c'était une taquinerie, une obstination, je ne sais quoi enfin, mais cela me parut une insulte gratuite, et, pour me consoler, il fallut qu'elle m'avouât que sa tante Julie lui avait solennellement défendu de rester avec moi sur ce pied de familiarité inconvenante. Je courus en demander raison à ma grand'mère, qui confirma l'arrêt en me disant que je comprendrais plus tard combien cela était nécessaire. J'avoue que je ne l'ai jamais compris.

J'exigeai qu'Ursule me tutoyât quand nous serions tête à tête. Mais comme à ce compte elle n'eût pu guère prendre l'habitude qu'on lui imposait, et qu'elle fut grondée pour avoir laissé échapper en présence de sa tante quelque *tu* au lieu de *vous* en parlant à ma personne, je fus forcée de consentir à ce qu'elle perdît avec moi cette douce et naturelle familiarité. Cela me fit souffrir longtemps, et même j'essayai de lui donner du *vous* pour rétablir l'égalité entre nous. Elle en ressentit beaucoup de chagrin. « Puisqu'on ne vous défend pas de me tutoyer, me disait-elle, ne m'ôtez pas ce plaisir-là; car, au lieu d'un chagrin, ça m'en ferait deux. » Alors, comme nous étions assez savantes pour nous amuser des mots de notre première enfance : « Tu vois, lui disais-je, ce que c'est que ce maudit *richement*, que tu voulais me faire aimer et que je n'aimerai jamais. Cela ne sert qu'à vous empêcher d'être aimé. — Ne croyez pas cela de moi, disait Ursule, vous serez toujours ce que j'aimerai le mieux au monde; que vous soyez riche ou pauvre, ça m'est bien égal. » Cette excellente fille, qui vraiment m'a tenu parole, apprenait l'état de tailleuse, où elle est devenue fort habile. Bien loin d'être paresseuse et prodigue, comme on craignait qu'elle ne le devînt, elle est une des femmes les plus laborieuses et les plus raisonnables que je connaisse.

Je crois me rappeler positivement maintenant que ma mère passa cet été-là avec moi et que j'eus du chagrin, parce que jusqu'alors j'avais couché dans sa chambre quand elle était à Nohant, et que pour la première fois cette douceur me fut refusée. Ma grand'mère me disait trop grande pour dormir sur un sofa, et, en effet, le petit lit de repos qui m'avait servi devenait trop court. Mais le grand lit jaune qui avait vu naître mon père et qui était celui de ma mère à Nohant (le même dont je me sers encore) avait six pieds de large, et c'était une fête pour moi quand elle me permettait d'y dormir avec elle. J'étais là comme un oisillon dans le sein maternel; il me semblait que j'y dormais mieux et que j'y avais de plus jolis rêves.

Malgré la défense de la bonne maman, j'eus pendant deux ou trois soirs la patience d'attendre sans dormir, jusqu'à onze heures, que ma mère fût rentrée dans sa chambre. Alors je me levais sans bruit, je quittais la mienne sur la pointe de mes pieds nus, et j'allais me blottir dans les bras de ma petite mère, qui n'avait pas le courage de me renvoyer, et qui elle-même était heureuse de s'endormir avec ma tête sur son épaule. Mais ma grand'mère eut des soupçons, ou fut avertie par mademoiselle Julie, son lieutenant de police. Elle monta et me surprit au moment où je m'échappais de ma chambre ; Rose fut grondée pour avoir fermé les yeux sur mes escapades. Ma mère entendit du bruit et sortit dans le corridor. Il y eut des paroles assez vives échangées ; ma grand'mère prétendait que ce n'était ni sain ni *chaste* qu'une fille de neuf ans dormît à côté de sa mère. Vraiment elle était fâchée et ne savait pas ce qu'elle disait, car rien n'est plus chaste et plus sain, au contraire. J'étais si chaste, quant à moi, que je ne comprenais même pas bien le sens du mot chasteté. Tout ce qui pouvait en être le contraire m'était inconnu. J'entendis ma mère qui répondait : « Si quelqu'un manque de chasteté, c'est vous pour avoir de pareilles idées ! C'est en parlant trop tôt de cela aux enfants qu'on leur ôte l'innocence de leur esprit, et je vous assure bien que si c'est comme cela que vous comptez élever ma fille, vous auriez mieux fait de me la laisser. Mes caresses sont plus honnêtes que vos pensées. »

Je pleurai toute la nuit. Il me semblait être attachée physiquement et moralement à ma mère par une chaîne de diamant que ma grand'mère voulait en vain s'efforcer de rompre, et qui ne faisait que se resserrer autour de ma poitrine jusqu'à m'étouffer.

Il y eut beaucoup de froideur et de tristesse dans les relations avec ma grand'mère pendant quelques jours. Cette pauvre femme voyait bien que plus elle essayait de me détacher de ma mère, plus elle perdait elle-même dans mon affection, et elle n'avait d'autre ressource que de se réconcilier avec elle pour se réconcilier avec moi. Elle me prenait dans ses bras et sur ses genoux pour me caresser, et je lui fis grand'peine la première fois en m'en dégageant et en lui disant : « Puisque ce n'est pas chaste, je ne veux pas embrasser. » Elle ne répondit rien, me posa à terre, se leva et quitta sa chambre avec plus de précipitation qu'elle ne paraissait capable d'en mettre dans ses mouvements.

Cela m'étonna, m'inquiéta même après un moment de réflexion, et je n'eus pas de peine à la rejoindre dans le jardin; je la vis prendre l'allée qui longe le mur du cimetière et s'arrêter devant la tombe de mon père. Je ne sais pas si j'ai dit déjà que mon père avait été déposé dans un petit caveau pratiqué sous le mur du cimetière, de manière que la tête reposât dans le jardin et les pieds dans la terre consacrée. Deux cyprès et un massif de rosiers et de lauriers francs marquent cette sépulture, qui est aussi aujourd'hui celle de ma grand'mère.

Elle était donc arrêtée devant cette tombe, qu'elle avait bien rarement le courage d'aller regarder, et elle pleurait amèrement. Je fus vaincue, je m'élançai vers elle, je serrai ses genoux débiles contre ma poitrine et je lui dis une parole qu'elle m'a bien souvent rappelée depuis : « Grand'mère, c'est moi qui vous consolerai. » Elle me couvrit de larmes et de baisers et alla sur-le-champ trouver ma mère avec moi. Elles s'embrassèrent sans s'expliquer autrement, et la paix revint pendant quelque temps.

Mon rôle eût été de rapprocher ces deux femmes et de les mener, à chaque querelle, s'embrasser sur la tombe de mon père. Un jour vint où je le compris et où je l'osai. Mais j'étais trop enfant à l'époque que je raconte pour rester impartiale entre elles deux ; je crois même qu'il m'eût fallu une grande dose de froideur ou d'orgueil pour juger avec calme laquelle avait le plus tort ou le plus raison dans leurs dissidences, et j'avoue qu'il m'a fallu trente ans pour y voir bien clair et pour chérir presque également le souvenir de l'une et de l'autre.

Je crois que ce qui précède date de l'été de 1813, je ne l'affirmerais pourtant pas, parce qu'il y a là une sorte de lacune dans mes souvenirs : mais si je me trompe de date, il importe peu. Ce que je sais, c'est que cela n'est pas arrivé plus tard.

Nous fîmes un très-court séjour à Paris l'hiver suivant. Dès le mois de janvier 1814, ma grand'-mère, effrayée des rapides progrès de l'invasion, vint se réfugier à Nohant, qui est le point le plus central pour ainsi dire de la France, par conséquent le plus à l'abri des événements politiques.

Je crois que nous en étions parties au commencement de décembre, et qu'en faisant ses préparatifs pour une absence de trois à quatre mois, comme les autres années, ma grand'mère ne prévoyait nullement la chute prochaine de l'empereur et l'entrée des étrangers dans Paris. Il y était de retour, lui, depuis le 7 novembre, après la retraite de Leipzig. La fortune l'abandonnait. On le trahissait, on le trompait de toutes parts. Quand nous arrivâmes à Paris, le *nouveau mot* de M. de Talleyrand courait les salons : « C'est, disait-il, *le commencement de la fin.* » Ce mot, que j'entendais répéter dix fois par jour, c'est-à-dire par toutes les visites qui se succédaient chez ma grand'mère, me sembla niais d'abord, et puis triste, et puis odieux. Je demandai ce que c'était que M. de Talleyrand, j'appris qu'il devait sa fortune à l'empereur, et je demandai si son mot était un regret ou une plaisanterie. On me dit que c'était une moquerie et une menace, que l'empereur le méritait bien, qu'il était un ambitieux, un monstre. « En ce cas, demandai-je, pourquoi est-ce que ce Talleyrand a accepté quelque chose de lui ? »

Je devais avoir bien d'autres surprises. Tous les jours j'entendais louer des actes de trahison et d'ingratitude. La politique des *vieilles comtesses* me brisait la tête. Mes études et mes jeux en étaient troublés et attristés.

Pauline n'était pas venue à Paris cette année-là, elle était restée en Bourgogne avec sa mère, qui, toute femme d'esprit qu'elle était, donnait dans la réaction jusqu'à la rage et attendait les alliés comme le Messie. Dès le jour de l'an, on parla de Cosaques qui avaient franchi le Rhin, et la peur fit taire la haine un instant. Nous allâmes faire visite à une des amies de ma grand'mère vers le Château-d'Eau, c'était, je crois, chez madame Dubois. Il y avait plusieurs personnes, et des jeunes gens qui étaient ses petits-fils ou ses neveux. Parmi ces jeunes gens, je fus frappée du langage d'un garçonnet de treize ou quatorze ans, qui, à lui seul, tenait tête à toute sa famille et à toutes les personnes en visite. « Comment, disait-il, les Russes, les Prussiens, les Cosaques sont en France et viennent sur Paris? Et on les laissera faire ? — Oui, mon enfant, disaient les autres, tous ceux qui pensent bien les laisseront faire. Tant pis pour le tyran, les étrangers viennent pour le punir de son ambition et pour nous débarrasser de lui. — Mais ce sont des étrangers! disait le brave enfant, et par conséquent nos ennemis. Si nous ne voulons plus de l'empereur, c'est à nous de le renvoyer nous-mêmes; mais nous ne devons pas nous laisser faire la loi par nos ennemis, c'est une honte. Il faut nous battre contre eux! » On lui riait au nez. Les autres grands jeunes gens, ses frères ou ses cousins, lui conseillaient de prendre un grand sabre et de partir à la rencontre des Cosaques. Cet enfant eut des élans de cœur admirables dont tout le monde se moqua, dont personne ne lui sut gré, si ce n'est moi, enfant qui n'osais dire un mot devant cet auditoire à peu près inconnu, et dont le cœur battait pourtant d'une émotion subite à l'idée enfin clairement énoncée devant moi du déshonneur de la France. « Oui, moquez-vous, disait le jeune garçon, dites tout ce que vous voudrez; mais qu'ils viennent, les étrangers, et que je trouve un sabre, fût-il deux fois grand comme moi, je saurai m'en servir, vous verrez, et tous ceux qui ne feront pas comme moi seront des lâches. »

On lui imposa silence, on l'emmena. Mais il avait fait au moins un prosélyte. Lui seul, cet enfant que je n'ai jamais revu et dont je n'ai jamais su le nom, m'avait formulé ma propre pensée. C'était tous des lâches ces gens qui criaient d'avance : Vivent les alliés ! Je ne me souciais plus tant de l'empereur, car au milieu du dévergondage de sots propos dont il était l'objet, de temps en temps, une personne intelligente, ma grand'mère, mon oncle de Beaumont, l'abbé d'Andrezel ou ma mère elle-même, prononçait un arrêt mérité, un reproche fondé sur la vanité qui l'avait perdu. Mais *la France!* Ce mot-là était si grand à l'époque où j'étais née, qu'il faisait sur moi une impression plus profonde que si je fusse née sous la restauration. On sentait l'honneur du pays dès l'enfance pour peu qu'on ne fût pas né idiot.

Je rentrai donc fort triste et agitée, et mon rêve de la campagne de Russie me revint. Ce rêve m'absorbait et me rendait sourde aux déclamations qui fatiguaient mon oreille. C'était un rêve de combat et de meurtre. Je retrouvais mes ailes, j'avais une épée flamboyante, comme celle que j'avais vue à l'Opéra dans je ne sais plus quelle pièce, où l'ange exterminateur apparaissait dans les nuages [1], et je fondais sur les bataillons ennemis, je les mettais en déroute, je les précipitais dans le Rhin. Cette vision me soulageait un peu.

Pourtant, malgré la joie qu'on se promettait de la chute du tyran, on avait peur de ces bons messieurs les Cosaques, et beaucoup de gens riches se sauvaient. Madame de Béranger était la plus effrayée; ma grand'mère lui offrit de l'emmener à Nohant, elle accepta. Je la donnais de grand cœur au diable, car cela empêchait ma bonne maman d'emmener ma mère. Elle n'eût pas voulu mettre en présence deux natures si incompatibles. J'étais outrée de cette préférence pour une étrangère. S'il y avait réellement du danger à rester à Paris, c'était ma mère, avant tout, qu'il fallait soustraire à ce danger, et je commençais à faire le projet d'entrer en révolte et de rester avec elle pour mourir avec elle s'il le fallait.

J'en parlai à ma mère, qui me calma. « Quand même ta bonne maman voudrait m'emmener, me

[1] Je crois que c'était *la Mort d'Abel*, de je ne sais qui.

dit-elle, moi, je n'y consentirais pas. Je veux rester auprès de Caroline, et plus on parle de dangers à courir, plus c'est mon devoir et ma volonté; mais tranquillise-toi, nous n'y sommes pas. Jamais l'empereur, jamais nos troupes ne laisseront approcher les ennemis de Paris. Ce sont des espérances de *vieille comtesse*. L'empereur battra les Cosaques à la frontière, et nous n'en verrons jamais un seul. Quand ils seront exterminés, la vieille Béranger reviendra pleurer ses Cosaques à Paris, et j'irai te voir à Nohant. »

La confiance de ma mère dissipa mes angoisses. Nous partîmes le 12 ou le 13 janvier. L'empereur n'avait pas encore quitté Paris. Tant qu'on le voyait là, on se croyait sûr de n'y jamais voir d'autres monarques, à moins que ce ne fût en visite et pour lui baiser les pieds.

Nous étions dans une grande calèche de voyage dont ma grand'mère avait fait l'acquisition, et madame de Béranger, avec sa femme de chambre et sa petite chienne, nous suivait dans une grande berline à quatre chevaux. Notre équipage déjà si lourd était leste en comparaison du sien. Le voyage fut assez difficile. Il faisait un temps affreux. La route était couverte de troupes, de fourgons, de munitions de campagne de toute espèce. Des colonnes de conscrits, de soldats et de volontaires se croisaient, se mêlaient bruyamment, et se séparaient aux cris de

Vive l'empereur! vive la France! Madame de Béranger avait peur de ces rencontres fréquentes, au milieu desquelles nos voitures ne pouvaient avancer. Les volontaires criaient souvent *Vive la nation!* et elle se croyait en 93. Elle prétendait qu'ils avaient des figures patibulaires et qu'ils la regardaient avec insolence. Ma grand'mère se moquait un peu d'elle à la dérobée, mais elle était très-dominée par elle, et ne la contredisait jamais ouvertement.

Dans la Sologne, nous rencontrâmes des soldats qui paraissaient revenir de loin, d'après leurs vêtements en guenilles et leur air affamé. Étaient-ce des détachements rappelés d'Allemagne ou repoussés de la frontière? Ils nous le dirent; je ne m'en souviens plus. Ils ne mendiaient point, mais lorsque nous allions au pas dans les sables détrempés de la Sologne, ils pressaient nos voitures d'un air suppliant. « Qu'est-ce qu'ils veulent donc? » dit ma grand'-mère. Ces pauvres gens mouraient de faim et avaient trop de fierté pour le dire. Nous avions un pain dans la voiture, je le tendis à celui qui se trouvait le plus à ma portée; il poussa un cri effrayant et se jeta dessus, non avec les mains mais avec les dents, si violemment que je n'eus que le temps de retirer mes doigts, qu'il eût dévorés. Ses compagnons l'entourèrent et mordirent à même ce pain qu'il rongeait comme eût pu le faire un animal. Ils ne se disputaient pas, ils ne songeaient point à partager, ils se faisaient place les uns aux autres pour mordre dans la proie commune, et ils pleuraient à grosses larmes. C'était un spectacle navrant, et je ne pus me retenir de pleurer aussi.

Comment, au cœur de la France, dans un pays pauvre, il est vrai, mais que la guerre n'avait pas dévasté et où la disette n'avait pas régné cette année-là, nos pauvres soldats expiraient-ils de faim sur une grande route? Voilà ce que j'ai vu et ne puis expliquer. Nous vidâmes le coffre aux provisions, nous leur donnâmes tout ce qu'il y avait dans les deux voitures. Je crois qu'ils nous dirent que les ordres avaient été mal donnés et qu'ils n'avaient pas eu de rations depuis plusieurs jours, mais le détail m'échappe.

Les chevaux manquèrent souvent aux relais de poste, et nous fûmes obligés de coucher dans de très-mauvais gîtes. Dans un ces gîtes, l'hôte vint causer avec nous après dîner. Il était outré contre Napoléon de ce qu'il avait laissé envahir la France. Il disait qu'il fallait faire la guerre de partisans, égorger tous les étrangers, mettre l'empereur à la porte, et proclamer la république : mais la bonne, disait-il, la vraie, l'*une et indivisible et impérissable*. Cette conclusion ne fut point du goût de madame de Béranger, elle le traita de jacobin : il le lui fit payer sur sa note.

Enfin nous arrivâmes à Nohant, mais nous n'y

étions pas depuis trois jours qu'un grand chagrin vint donner un autre cours à mes pensées.

Ma grand'mère, qui n'avait jamais été malade de sa vie, fit une maladie grave. Comme son organisation était très-particulière, les accidents de cette maladie eurent un caractère particulier. D'abord ce fut un sommeil profond, dont il fut impossible durant deux jours de la tirer; puis, lorsque tous les symptômes alarmants furent dissipés, on s'aperçut qu'elle avait sur le corps une large plaie gangréneuse, produite par la légère excoriation laissée par les cataplasmes salins. Cette plaie fut horriblement douloureuse et longue à fermer. Pendant deux mois il lui fallut garder le lit, et la convalescence ne fut pas moins longue.

Deschartres, Rose et Julie soignèrent ma pauvre bonne maman avec un grand dévouement. Quant à moi, je sentis que je l'aimais plus que je ne m'en étais avisée jusqu'alors. Ses souffrances, le danger de mort où elle se trouva plusieurs fois, me la rendirent chère, et le temps de sa maladie fut pour moi d'une mortelle tristesse.

Madame de Béranger resta, je crois, six semaines avec nous, et ne partit que lorsque ma grand'mère fut hors de tout danger. Mais cette dame, si elle eut du chagrin ou de l'inquiétude, ne le fit pas beaucoup paraître, et je doute qu'elle eût le cœur bien tendre. Je ne sais, en vérité, pourquoi ma bonne maman, qui avait un si grand besoin de tendresse, s'était particulièrement attachée à cette femme hautaine et impérieuse, en qui je n'ai jamais pu découvrir le moindre charme d'esprit ou de caractère.

Elle était fort active et ne pouvait rester en place. Elle se croyait très-habile à lever ou à rectifier le plan d'un jardin ou d'un parc, et elle n'eut pas plutôt vu notre vieux jardin régulier, qu'elle se mit en tête de le transformer en paysage anglais : c'était une idée saugrenue, car, sur un terrain plat, ayant peu de vue, et où les arbres sont très-lents à pousser, ce qu'il y a de mieux à faire, c'est de conserver précieusement ceux qui s'y trouvent, de planter pour l'avenir, de ne point ouvrir de clairières qui vous montrent la pauvreté des lignes environnantes ; c'est surtout, lorsqu'on a la route en face et tout près de la maison, de se renfermer autant que possible derrière des murs ou des charmilles pour être *chez soi*. Mais nos charmilles faisaient horreur à madame de Béranger, nos carrés de fleurs et de légumes, qui me paraissaient si beaux et si riants, elle les traitait de jardin de curé. Ma grand'mère, au sortir de la première crise de son mal, avait à peine recouvré la voix et l'ouïe, que son amie lui demanda l'autorisation de mettre la cognée dans le petit bois et la pioche dans les allées. Ma grand'mère n'aimait pas le changement, mais elle avait la tête si faible en ce moment, et d'ailleurs madame de

Béranger exerçait sur elle une telle domination, qu'elle lui donna pleins pouvoirs.

Voilà donc cette bonne dame à l'œuvre; elle mande une vingtaine d'ouvriers, et de sa fenêtre dirige l'abattage, élaguant ici, détruisant là, et cherchant toujours un point de vue qui ne se trouva jamais, parce que, si des fenêtres du premier étage de la maison la campagne est assez jolie, rien ne peut faire que, dans ce jardin, de plain-pied avec cette campagne, on ne la voie pas de niveau et sans étendue. Il aurait fallu exhausser de cinquante pieds le sol du jardin, et chaque ouverture pratiquée dans les massifs n'aboutissait qu'à nous faire jouir de la vue d'une grande plaine labourée. On élargissait la brèche, on abattait de bons vieux arbres qui n'en pouvaient mais; madame de Béranger traçait des lignes sur le papier, tendait de sa fenêtre des ficelles aux ouvriers, criait après eux, montait, descendait, retournait, s'impatientait et détruisait le peu d'ombrage que nous avions, sans nous faire rien gagner en échange. Enfin elle y renonça, Dieu merci, car elle eût pu faire table rase; mais Deschartres lui observa que ma grand'mère, dès qu'elle serait en état de sortir et de voir par ses yeux, regretterait peut-être beaucoup ses vieilles charmilles.

Je fus très-frappée de la manière dont cette dame parlait aux ouvriers. Elle était beaucoup trop illustre pour daigner s'enquérir de leurs noms et pour les interpeller en particulier. Cependant elle avait affaire de sa fenêtre à chacun d'eux tour à tour, et pour rien au monde elle ne leur eût dit : « Monsieur, ou mon ami, ou *mon vieux,* » comme on dit, en Berry, quel que soit l'âge de l'être masculin auquel on s'adresse. Elle leur criait donc à tue-tête : « *L'homme numéro* 2! *Écoutez, l'homme numéro* 4! » Cela faisait grandement rire nos paysans narquois, et aucun ne se dérangeait ni ne tournait la tête de son côté. « Pardi! se disaient-ils les uns aux autres en levant les épaules, nous sommes bien tous des hommes, et nous ne pouvons pas deviner à qui elle en a, la *femme!* »

Il a fallu une trentaine d'années pour faire disparaître le dégât causé chez nous par madame de Béranger, et pour refermer les brèches de ses *points de vue.*

Elle avait une autre manie qui me contrariait encore plus que celle des jardins anglais. Elle se sanglait si fort dans ses corsets, que le soir elle était rouge comme une betterave et que les yeux lui sortaient de la tête. Elle déclara que je me tenais comme une bossue, que j'étais taillée comme un morceau de bois, et qu'il fallait me donner des formes. En conséquence, elle me fit faire bien vite un corset, à moi qui ne connaissais pas cet instrument de torture, et elle me le sangla elle-même si bien que je faillis me trouver mal la première fois.

A peine fus-je hors de sa présence, que je coupai lestement le lacet, moyennant quoi je pus supporter le busc et les baleines; mais elle s'aperçut bientôt de la supercherie et me sangla encore plus fort. J'entrai en révolte, et me réfugiant dans la cave, je ne me contentai pas de couper le lacet, je jetai le corset dans une vieille barrique de lie de vin où personne ne s'avisa d'aller le découvrir. On le chercha bien, mais si on le retrouva six mois après, à l'époque des vendanges, c'est ce dont je ne me suis jamais enquise.

La petite *Lorette de Béranger,* car madame de la Marlière nous avait appris à donner aux chiens trop gâtés les noms de leurs maîtresses, était un être acariâtre qui sautait à la figure des gros chiens les plus graves et les forçait à sortir de leur caractère. Dans ces rencontres, madame de Béranger jetait les hauts cris et se trouvait mal. Si bien que nos amis Brillant et Moustache ne pouvaient plus mettre la patte au salon. Chaque soir, Hippolyte était chargé de mener promener Lorette, parce que son air bon apôtre inspirait de la confiance à madame de Béranger; mais Lorette passait de mauvais quarts d'heure entre ses mains. « Pauvre petite chérie, amour de petite bête! » lui disait-il sur le seuil de la porte, d'où sa maîtresse pouvait l'entendre; et à peine la porte était-elle franchie, qu'il lançait Lorette en l'air de toute sa force au milieu de la cour, s'inquiétant peu comment et où elle retomberait. Je crois bien que Lorette se figurait aussi avoir seize quartiers de noblesse, car c'était une bête stupide et détestable dans son impertinence.

Enfin madame de Béranger et Lorette partirent. Nous ne regrettâmes que sa femme de chambre, qui était une personne de mérite.

La maladie de la bonne maman ne nous avait pas permis de beaucoup rire aux dépens de la vieille comtesse. Les nouvelles du dehors n'étaient pas gaies non plus, et, un jour de printemps, ma grand'mère convalescente reçut une lettre de madame de Pardaillan, qui lui disait : « Les alliés sont entrés dans Paris. Ils n'y ont pas fait de mal. On n'a point pillé. On dit que l'empereur Alexandre va nous donner pour roi le frère de Louis XVI, celui qui était en Angleterre *et dont je ne me rappelle pas le nom.* »

Ma grand'mère rassembla ses souvenirs. « Ce doit
» être, dit-elle, celui qui avait le titre de *Monsieur*.
» C'était un bien mauvais homme. Quant au comte
» d'Artois, c'était un vaurien détestable. Allons,
» ma fille, voilà nos cousins sur le trône, mais il
» n'y a pas de quoi nous vanter. »

Telle fut sa première impression. Et puis, suivant l'impulsion de son entourage, elle fut dupe pendant quelque temps des promesses faites à la France, et subit le premier engouement, non pour les personnes, mais pour les choses restaurées. Cela ne fut pas de longue durée. Quand la dévotion fut à l'ordre du jour, elle revint à son dégoût pour les hypocrites; je le dirai plus tard.

J'attendais avec anxiété une lettre de ma mère, elle arriva enfin. Ma pauvre petite maman avait été malade de peur. Par une chance singulière, un des cinq ou six boulets lancés sur Paris et dirigés sur la statue de la colonne de la place Vendôme était venu tomber sur la maison que ma mère habitait alors rue Basse-du-Rempart. Ce boulet avait troué le toit, pénétré deux étages, et était venu s'amortir sur le plafond de la chambre où elle se trouvait. Elle avait fui avec Caroline, croyant que Paris allait être en peu d'heures un amas de décombres. Elle put revenir coucher tranquillement chez elle, après avoir vu, avec la foule consternée et stupéfaite, l'entrée des barbares que de belles dames couraient embrasser et couronner de fleurs.

CHAPITRE SIXIÈME

La lutte domestique s'envenime. — Je commence à connaître le chagrin. — Discussion avec ma mère. — Mes prières, ses promesses, son départ. — Première nuit d'insomnie et de désespoir. — La chambre déserte. — Première déception. — Liset. — Projet romanesque. — Mon trésor. — Accident arrivé à ma grand'mère. — Je renonce à mon projet. — Réflexions sur les rapports qu'on doit avoir avec les domestiques pour arriver aux mœurs de l'égalité. — Ma grand'mère me néglige forcément. — Leçons de Deschartres. — La botanique. — Mon dédain pour ce qu'on m'enseigne.

Ma mère vint passer un mois avec nous, et dut s'en retourner pour faire sortir Caroline de pension. Je compris alors que je la verrais désormais de moins en moins à Nohant. Ma grand'mère parlait d'y passer l'hiver, je tombai dans le plus grand chagrin que j'eusse encore ressenti de ma vie. Ma mère s'efforçait de me donner du courage, mais elle ne pouvait plus me tromper, j'étais d'âge à constater les nécessités de la position qui nous était faite à l'une et à l'autre. L'admission de Caroline dans la famille eût tout arrangé, et c'est sur quoi ma grand'mère était inflexible.

Ma mère n'était point heureuse à Nohant, elle y souffrait, elle y subissait un étouffement moral, une contrainte, une irritation comprimée de tous les instants. Mon obstination à la préférer ostensiblement à ma grand'mère (je ne savais pas feindre, quoique cela eût été dans l'intérêt de tout le monde) aigrissait de plus en plus cette dernière contre elle. Et il faut bien dire que la maladie de cette pauvre grand'mère avait beaucoup changé son caractère. Elle avait des jours d'humeur que je ne lui avais jamais vus. Sa susceptibilité devenait excessive. En de certains moments, elle me parlait si sèchement que j'en étais atterrée. Mademoiselle Julie prenait un empire extraordinaire, déplorable sur son esprit, recevant toutes ses confidences, et envenimant tous ses déplaisirs, à bonne intention sans doute, mais sans discernement et sans justice.

Pourtant ma mère eût supporté tout cela pour moi, si elle n'eût été continuellement inquiète de son autre fille. Je le compris, je ne voulais pas que Caroline me fût sacrifiée, et pourtant Caroline commençait, de son côté, à être jalouse de moi, la pauvre enfant, à se plaindre des absences annuelles de sa mère, et à lui reprocher en sanglotant sa préférence pour moi.

Ainsi nous étions toutes malheureuses, et moi,

cause innocente de toutes ces amertumes domestiques, j'en ressentais le contre-coup plus douloureusement encore que les autres.

Quand je vis ma mère faire ses paquets, je fus saisie de terreur. Comme elle était, ce jour-là, fort irritée des propos de Julie, et disait qu'il n'y avait plus moyen de subir l'autorité d'une femme de chambre devenue plus maîtresse dans la maison que la maîtresse elle-même, je crus que ma mère s'en allait pour ne plus revenir; je devinai, du moins, qu'elle ne reviendrait plus que de loin en loin, et je me jetai dans ses bras, à ses pieds; je me roulai par terre, la suppliant de m'emmener, et lui disant que si elle ne le faisait pas, je me sauverais, et que j'irais de Nohant à Paris, seule et à pied, pour la rejoindre.

Elle me prit sur ses genoux et tâcha de me faire comprendre sa situation. « Ta grand'mère, me dit-elle, peut me réduire à quinze cents francs si je t'emmène. — Quinze cents francs! m'écriai-je, mais c'est beaucoup, cela! c'est bien assez pour nous trois. — Non, me dit-elle, ce ne serait pas assez pour Caroline et moi, car la pension et l'entretien de ta sœur m'en coûtent la moitié, et avec ce qui me reste j'ai bien de la peine à vivre et à m'habiller. Tu saurais cela si tu avais la moindre idée de ce que c'est que l'argent. Eh bien, si je t'emmène, et qu'on me retire mille francs par an, nous serons si pauvres, si pauvres, que tu ne pourras pas le supporter, et que tu me redemanderas ton Nohant et tes quinze mille livres de rente. — Jamais! jamais! m'écriai-je ; nous serons pauvres, mais nous serons ensemble ; nous ne nous quitterons jamais, nous travaillerons, nous mangerons des haricots dans un petit grenier, comme dit mademoiselle Julie ; où est le mal? nous serons heureuses, on ne nous empêchera plus de nous aimer ! »

J'étais si convaincue, si ardente, si désespérée, que ma mère fut ébranlée. « C'est peut-être vrai, ce que tu dis là, répondit-elle avec la simplicité d'un enfant, et d'un généreux enfant qu'elle était. Il y a longtemps que je sais que l'argent ne fait pas le bonheur, et il est certain que si je t'avais avec moi à Paris, je serais beaucoup plus heureuse dans ma pauvreté que je ne le suis ici, où je ne manque de rien et où je suis abreuvée de dégoûts. Mais ce n'est pas à moi que je pense, c'est à toi, et je crains que tu ne me reproches un jour de t'avoir privée d'une belle éducation, d'un beau mariage et d'une belle fortune.

— Oui, oui, m'écriai-je, une belle éducation, où l'on veut faire de moi une poupée de bois ! un beau mariage; avec un monsieur qui rougira de ma mère et la mettra à la porte de chez moi ! une belle fortune, qui m'aura coûté tout mon bonheur et qui me forcera à être une mauvaise fille ! Non, j'aime mieux mourir que d'avoir toutes ces belles choses-là. Je veux bien aimer ma grand'mère, je veux bien venir la soigner et faire sa partie de grabuge et de loto quand elle s'ennuiera; mais je ne veux pas demeurer avec elle. Je ne veux pas de son château et de son argent; je n'en ai pas besoin, qu'elle les donne à Hippolyte, ou à Ursule, ou à Julie, puisqu'elle aime tant Julie; moi, je veux être pauvre avec toi, et on n'est pas heureuse sans sa mère. »

Je ne sais pas tout ce que j'ajoutai, je fus éloquente à ma manière, puisque ma mère se trouva réellement influencée. « Écoute, me dit-elle, tu ne sais pas ce que c'est que la misère pour de jeunes filles! moi, je le sais, et je ne veux pas que Caroline et toi passiez par où j'ai passé quand je me suis trouvée orpheline et sans pain à quatorze ans; je n'aurais qu'à mourir et à vous laisser comme cela! Ta grand'mère te reprendrait peut-être, mais elle ne prendra jamais ta sœur, et que deviendrait-elle? Mais il y a un moyen d'arranger tout. On peut toujours être assez riche en travaillant, et je ne vois pas pourquoi, moi qui sais travailler, je ne fais plus rien, et pourquoi je vis de mes rentes comme une belle dame. Écoute-moi bien; je vais essayer de monter un magasin de modes. Tu sais que j'ai été déjà modiste, et que je fais les chapeaux et les coiffures mieux que les perruches qui coiffent ta bonne maman tout de travers, et qui font payer leurs vilains chiffons les yeux de la tête. Je ne m'établirai pas à Paris, il faudrait trop d'argent; mais, en faisant des économies pendant quelques mois, et en empruntant une petite somme que ma sœur ou Pierret me feront bien trouver, j'ouvrirai une boutique à Orléans, où j'ai déjà travaillé. Ta sœur est adroite, tu l'es aussi, et tu auras plus vite appris ce métier-là que le grec et le latin de M. Deschartres. A nous trois, nous suffirons au travail; je sais qu'on vend bien à Orléans et que la vie n'est pas très-chère. Nous ne sommes pas des princesses, nous vivrons de peu, comme du temps de la rue Grange-Batelière; nous prendrons plus tard Ursule avec nous. Et puis nous ferons des économies, et, dans quelques années, si je peux vous donner à chacune huit ou dix mille francs, ce sera de quoi vous marier avec d'honnêtes ouvriers qui vous rendront plus heureuses que des marquis et des comtes. Au fait, tu ne seras jamais à ta place dans ce monde-là. On ne t'y pardonnera pas d'être ma fille et d'avoir eu un grand-père marchand d'oiseaux. On t'y fera rougir à chaque instant, et si tu avais le malheur de prendre leurs grands airs, tu ne te pardonnerais plus à toi-même de n'être qu'à moitié noble. C'est donc résolu. Garde bien ce secret-là. Je vais partir, et je m'arrêterai un jour ou deux à Orléans pour m'informer et voir des boutiques à louer. Puis je préparerai tout à Paris, je t'écrirai en cachette par

Ursule ou par Catherine, quand tout sera arrangé, et je viendrai te prendre ici. J'annoncerai ma résolution à ma belle-mère; je suis ta mère, et personne ne peut m'ôter mes droits sur toi. Elle se fâchera, elle me retirera le surplus de pension qu'elle me donne, je m'en moquerai; nous partirons d'ici pour prendre possession de notre petite boutique, et quand elle passera dans son carrosse par la grande rue d'Orléans, elle verra en lettres longues comme le bras : « *Madame veuve Dupin, marchande de modes.* »

Ce beau projet me tourna la tête. J'en eus presque une attaque de nerfs. Je sautais par la chambre en criant et en riant aux éclats, et en même temps je pleurais. J'étais comme ivre. Ma pauvre mère était certainement de bonne foi et croyait à sa résolution; sans cela elle n'eût point à la légère empoisonné l'insouciance ou la résignation de mes jeunes années par un rêve trompeur; car il est certain que ce rêve s'empara de moi et me créa pour longtemps des agitations et des tourments sans rapport naturel avec mon âge.

Je mis alors autant de zèle à faire partir ma mère que j'en avais mis à l'en empêcher. Je l'aidais à faire ses paquets, j'étais gaie, j'étais heureuse; il me semblait qu'elle reviendrait me chercher au bout de huit jours. Mon enjouement, ma pétulance étonnèrent ma bonne maman pendant le dîner, d'autant plus que j'avais tant pleuré, que j'avais les paupières presque en sang, et que ce contraste était inexplicable. Ma mère me dit quelques mots à l'oreille pour m'engager à m'observer et à ne pas donner de soupçons. Je m'observai si bien, je fus si discrète, que jamais personne ne se douta de mon projet, bien que je l'aie porté quatre ans dans mon cœur avec toutes les émotions de la crainte et de l'espérance ; je ne le confiai jamais, pas même à Ursule.

Pourtant, à mesure que la nuit approchait (ma mère devait partir à la première aube), j'étais inquiète, épouvantée. Il me semblait que ma mère ne me regardait pas de l'air d'intelligence et de sécurité qu'il aurait fallu pour me consoler. Elle devenait triste et préoccupée. Pourquoi était-elle triste, puisqu'elle devait sitôt revenir, puisqu'elle allait travailler à notre réunion, à notre bonheur ? Les enfants ne doutent pas par eux-mêmes et ne tiennent pas compte des obstacles, mais quand ils voient douter ceux en qui leur foi repose, ils tombent dans une détresse de l'âme qui les fait ployer et trembler comme de pauvres brins d'herbe.

On m'envoya coucher à neuf heures comme à l'ordinaire. Ma mère m'avait bien promis de ne pas se coucher elle-même sans entrer dans ma chambre pour me dire encore adieu et me renouveler ses engagements ; mais je craignis qu'elle ne voulût pas m'éveiller si elle me supposait endormie, et je ne

CHAPITRE SIXIÈME.

me couchai pas ; c'est-à-dire que je me relevai aussitôt que Rose fut partie, car lorsqu'elle m'avait mise au lit, elle redescendait attendre auprès de Julie le coucher de ma grand'mère. Ce coucher était fort long. Ma grand'mère mangeait un peu et très-lentement ; et puis, pendant qu'on lui apprêtait et lui arrangeait, sur la tête et sur les épaules, une douzaine de petits bonnets et de petits fichus de toile, de soie, de laine et d'ouate, elle écoutait le rapport de Julie sur les choses intimes de la famille, et celui de Rose sur les détails du ménage. Cela durait jusqu'à deux heures du matin, et c'est alors seulement que Rose venait se coucher dans le cabinet contigu à ma chambrette.

Cette chambrette donnait sur un long corridor presque en face de la porte du cabinet de toilette de ma mère, par lequel elle passait ordinairement pour rentrer chez elle, et je ne pouvais manquer de la saisir au passage et de m'entretenir encore avec elle avant que Rose vînt nous interrompre. Mais nous pouvions être surveillées par exception cette nuit-là, et, dans ma terreur de ne pouvoir plus m'épancher avec l'objet de mon amour, je voulus lui écrire une longue lettre. Je fis des prodiges d'adresse et de patience pour rallumer ma bougie, sans allumettes, à mon feu presque éteint ; j'en vins à bout, et j'écrivis sur des feuilles arrachées à mon cahier de verbes latins.

Je vois encore ma lettre et l'écriture ronde et enfantine que j'avais dans ce temps-là ; mais qu'y avait-il dans cette lettre ? Je ne m'en souviens plus. Je sais que je l'écrivis dans la fièvre de l'enthousiasme, que mon cœur y coulait à flots pour ainsi dire, et que ma mère l'a gardée longtemps comme une relique ; mais je ne l'ai pas retrouvée dans les papiers qu'elle m'a laissés. Mon impression est que jamais passion plus profonde et plus pure ne fut plus naïvement exprimée, car mes larmes l'arrosèrent littéralement, et à chaque instant j'étais forcée de retracer les lettres effacées par mes pleurs.

Mais comment remettre cette lettre à ma mère si elle était accompagnée, en montant l'escalier, par Deschartres ? J'imaginai, pendant que j'en avais le temps encore, de pénétrer dans la chambre de ma mère sur la pointe du pied. Il fallait ouvrir et fermer des portes, précisément au-dessus de la chambre de mademoiselle Julie. La maison est d'une sonorité effrayante, grâce à une immense cage d'escalier où vibre le moindre souffle. J'en vins à bout cependant, et je plaçai ma lettre derrière un petit portrait de mon grand-père qui était comme caché derrière une porte. C'était un dessin au crayon où il était représenté, non pas jeune, mince et coquet, comme dans le grand pastel du salon, avec une veste de chambre en taffetas feuille-morte à boutons de diamant et les cheveux relevés avec un peigne, une palette à la main, et vis-à-vis d'un paysage ébauché couleur de rose et bleu turquoise ; mais vieux, cassé, en grand habit carré, en bourse et ailes de pigeon, gros, flasque et courbé sur une table de travail, comme il devait être peu de temps avant de mourir. J'avais mis sur l'adresse de ma lettre : « *Place ta réponse derrière ce même portrait du vieux Dupin. Je la trouverai demain quand tu seras partie.* » Il ne me restait plus qu'à trouver un moyen d'avertir ma mère d'avoir à chercher derrière ce portrait ; j'y accrochai son bonnet de nuit, et dans le bonnet de nuit je mis un mot au crayon : *Secoue le portrait.*

Toutes mes précautions prises, je revins me coucher, sans faire le moindre bruit. Mais je restai assise sur mon lit, dans la crainte que la fatigue ne vainquît ma résolution. J'étais brisée par les larmes et les émotions de la journée, et je m'assoupissais à chaque instant, mais j'étais réveillée en sursaut par les battements de mon cœur, et je croyais entendre marcher dans le corridor. Enfin minuit sonna à la pendule de Deschartres, dont la chambre n'était séparée de la mienne que par la muraille. Deschartres monta le premier, j'entendis son pas lourd et régulier, et ses portes fermées avec une majestueuse lenteur. Ma mère vint un quart d'heure après, mais Rose était avec elle, elle venait l'aider à fermer ses malles. Rose n'avait pas l'intention de nous contrarier, mais elle avait été souvent réprimandée pour sa faiblesse dans ces sortes d'occasions, et je ne pouvais plus me fier à elle. D'ailleurs j'avais besoin de voir ma mère sans témoin. Je me renfonçai donc sous mes couvertures, à demi vêtue encore, et je ne bougeai pas. Ma mère passa, Rose resta avec elle une demi-heure, puis vint se coucher. J'attendis encore une demi-heure qu'elle fût endormie, puis bravant tout, j'ouvris doucement ma porte, et m'en allai trouver ma mère.

Elle lisait ma lettre, elle pleurait. Elle m'étreignit sur son cœur : mais elle était retombée de la hauteur de notre projet romanesque dans une hésitation désespérante. Elle comptait que je m'habituerais à ma grand'mère, elle se reprochait de m'avoir monté la tête, elle m'engageait à l'oublier. C'étaient des coups de poignard froids comme la mort dans mon pauvre cœur. Je lui fis de tendres reproches, et j'y mis tant de véhémence qu'elle s'engagea de nouveau à revenir me chercher dans trois mois au plus tard, si ma bonne maman ne me conduisait pas à Paris à l'hiver, et si je persistais dans ma résolution. Mais ce n'était pas assez pour me rassurer ; je voulais qu'elle répondît par écrit à l'ardente supplication de ma lettre. Je demandais une lettre d'elle à trouver, après son départ, derrière le portrait, une lettre que je pourrais relire tous les jours en secret pour me donner du courage et entretenir mon espérance. Elle ne put m'envoyer coucher qu'à ce prix, et j'allai essayer de réchauffer mon pauvre corps glacé dans mon lit encore plus froid. Je me sentais malade ; j'aurais voulu dormir comme elle le désirait pour oublier un instant mon angoisse ; mais cela me fut impossible. J'avais le doute, c'est-à-dire le désespoir dans l'âme ; c'est tout un pour les enfants, puisqu'ils ne vivent que de songes, et de confiance en leurs songes. Je pleurai si amèrement que j'avais le cerveau brisé, et quand le jour parut pâle et triste, c'était la première aube que je voyais paraître après une nuit de douleur et d'insomnie. Combien d'autres depuis, que je ne saurais compter !

J'entendis rouvrir les portes, descendre les paquets ; Rose se leva, je n'osai lui montrer que je ne dormais pas. Elle en eût été attendrie cependant ; mais mon amour, à force d'être exalté, devenait romanesque, il avait besoin de mystère. Pourtant lorsque la voiture roula dans la cour, lorsque j'entendis les pas de ma mère dans le corridor, je n'y pus tenir, je m'élançai pieds nus sur le carreau, je me précipitai dans ses bras, et perdant la tête, je la suppliai de m'emmener. Elle me reprocha de lui faire du mal lorsqu'elle souffrait déjà tant de me quitter. Je me soumis, je retournai à mon lit ; mais lorsque j'entendis le dernier roulement de la voiture qui l'emportait, je ne pus retenir des cris de désespoir, et Rose elle-même, malgré la sévérité dont elle commençait à s'armer, ne put retenir ses larmes en me retrouvant dans cet état pitoyable, trop violent pour mon âge et qui aurait dû me rendre folle, si Dieu, me destinant à souffrir, ne m'eût douée d'une force physique extraordinaire.

Je reposai cependant quelques heures, mais à peine fus-je éveillée que je retrouvai mon chagrin, et que mon cœur se brisa à l'idée que ma mère était partie, peut-être pour toujours. Aussitôt habillée, je courus à sa chambre, je me jetai sur son lit défait, je baisai mille fois l'oreiller qui portait encore l'empreinte de sa tête. Puis je m'approchai du portrait où je devais trouver une lettre, mais Rose entra et je dus renfermer ma douleur; non pas que cette fille, dont le cœur était bon, m'en eût fait un crime, mais j'éprouvais une sorte d'amère douceur à cacher ma souffrance. Elle se mit à faire la chambre, à enlever les draps, à relever les matelas, à fermer les persiennes.

Assise dans un coin, je la regardais faire, j'étais comme hébétée. Il me semblait que ma mère était morte, et qu'on rendait au silence et à l'obscurité cette chambre où elle ne rentrerait plus.

Ce ne fut que dans la journée que je pus trouver le moyen d'y rentrer sans être observée, et je courus au portrait, le cœur palpitant d'espérance; mais j'eus beau secouer et retourner l'image du vieux Francueil, on ne lui avait rien confié pour moi;

ma mère, ne voulant pas entretenir dans mon esprit une chimère qu'elle regrettait déjà sans doute d'y avoir fait naître, avait cru ne pas devoir me répondre. Ce fut pour moi le dernier coup. Je restai tout le temps de ma récréation immobile et abrutie dans cette chambre devenue si froide, si mystérieuse et si morne. Je ne pleurais plus, je n'avais plus de larmes, et je commençais à souffrir d'un mal plus profond et plus déchirant que l'absence. Je me disais que ma mère ne m'aimait pas autant qu'elle était aimée de moi; j'étais injuste en cette circonstance, mais, au fond, c'était la révélation d'une vérité que chaque jour devait confirmer. Ma mère avait pour moi, comme pour tous les êtres qu'elle avait aimés, plus de passion que de tendresse. Il se faisait dans son âme comme de grandes lacunes dont elle ne pouvait se rendre compte. A côté de trésors d'amour, elle avait des abîmes d'oubli ou de lassitude. Elle avait trop souffert, elle avait besoin souvent de ne plus souffrir; et moi j'étais comme avide de souffrance, tant j'avais encore de force à dépenser sous ce rapport-là.

J'avais pour compagnon de mes jeux un petit paysan plus jeune que moi de deux années, à qui ma mère enseignait à lire et à écrire. Il était alors fort gentil et fort intelligent. Je me fis non-seulement un plaisir, mais comme une religion de continuer l'éducation commencée par ma mère, et j'obtins de ma grand'mère qu'il viendrait prendre sa leçon tous les matins à huit heures. Je le trouvais installé dans la salle à manger, ayant déjà barbouillé une grande page de lettres. On peut croire que je ne le soumettais pas à la méthode de M. Lubin, aussi avait-il une jolie écriture fort lisible. Je corrigeais ses fautes, je le faisais épeler, et j'exigeais qu'il se rendît compte du sens des mots. Car je me souvenais d'avoir su lire longtemps avant de comprendre ce que je lisais. Cela amenait beaucoup de questions de sa part et d'explications de la mienne. Je lui donnais donc des notions d'histoire, de géographie, etc., ou plutôt de raisonnement sur ces choses, qui étaient toutes fraîches dans ma tête et qui passaient facilement dans la sienne.

Le jour du départ de ma mère, je trouvai *Liset* (diminutif berrichon de *Louis*) tout en larmes. Il ne voulut pas me dire devant Rose la cause de son chagrin, mais, quand nous fûmes seuls, il me dit qu'il pleurait *madame Maurice*. Je me mis à pleurer avec lui, et, de ce moment, je le pris en amitié véritable. Quand sa leçon était finie, il allait aux champs, et il revenait à l'heure de ma récréation. Il n'était ni gai ni bruyant. Il aimait à causer avec moi, et quand j'étais triste il gardait le silence et marchait derrière moi comme un confident de tragédie. Le railleur Hippolyte, qui regrettait bien aussi ma mère, mais qui n'était pas capable d'engendrer une longue mélancolie, l'appelait mon fidèle Achate. Je ne lui confiais pourtant rien du tout, je sentais la gravité du secret que ma mère m'avait confié dans un moment d'entraînement, et je ne voulais pas encore me persuader que ce secret n'était qu'un leurre.

Pourtant les jours succédèrent aux jours, les semaines aux semaines, et ma mère ne m'envoya aucun avis particulier ; elle ne me fit pas entendre, par le moindre mot à double sens dans ses lettres, qu'elle songeât à notre projet. Ma grand'mère s'installa à Nohant pour tout l'hiver. Je dus me résigner, mais ce ne fut pas sans de grands déchirements intérieurs. J'avais, pour me consoler de temps en temps, une fantaisie en rapport avec ma préoccupation dominante. C'était de me figurer que, quand je souffrirais trop, je pourrais exécuter la tendre menace que j'avais faite à ma mère de quitter Nohant seule et à pied pour aller la trouver à Paris. Il y avait des moments où ce projet me paraissait très-réalisable, et je me promettais d'en faire part à Liset, le jour où j'aurais définitivement résolu de me mettre en route. Je comptais qu'il m'accompagnerait.

Ce n'était ni la longueur du chemin, ni la souffrance du froid, ni aucun danger qui me faisait hésiter ; mais je ne pouvais me résoudre à demander l'aumône en chemin, et il me fallait un peu d'argent.

Voici ce que j'imaginai pour m'en procurer au besoin. Mon père avait rapporté d'Italie, à ma mère, un très-beau collier d'ambre jaune mat qui n'avait guère d'autre valeur que le souvenir, et qu'elle m'avait donné. J'avais ouï dire à ma mère qu'il l'avait payé fort cher, *deux louis!* cela me paraissait très-considérable. En outre j'avais un petit peigne en corail, un brillant gros comme une tête d'épingle monté en bague, une bonbonnière d'écaille blonde garnie d'un petit cercle d'or qui valait bien trois francs, et quelques débris de bijoux sans aucune valeur, que ma mère et ma grand'mère m'avaient donnés pour en orner ma poupée. Je rassemblai toutes ces richesses dans une petite encoignure de la chambre de ma mère, où personne n'entrait que moi, à la dérobée, en de certains jours ; et, en moi-même, j'appelai cela *mon trésor*. Je songeai d'abord à le confier à Liset ou à Ursule, pour qu'ils le vendissent à la Châtre. Mais on eût pu les soupçonner d'avoir volé ces bijoux, du moment qu'ils en voudraient faire de l'argent, et je m'avisai d'un meilleur moyen, tout à fait conforme à celui usité par les princesses errantes de mes contes de fées : c'était d'emporter mon trésor dans ma poche, et, chaque fois que j'aurais faim en voyage, d'offrir en payement une perle de mon collier, ou une petite brisure de mes vieux ors. Chemin faisant, je trouverais bien un orfévre à qui je pourrais vendre ma bonbonnière, mon peigne ou ma bague, et je me figurais que j'aurais encore de quoi dédommager ma mère, en arrivant, de la dépense que j'allais lui occasionner.

Quand je crus m'être ainsi assurée de la possibilité de ma fuite, je me sentis un peu plus calme, et dans mes accès de chagrin, je me glissais dans la chambre sombre et déserte, j'allais ouvrir l'encoignure et je me consolais en contemplant mon trésor, l'instrument de ma liberté. Je commençais à être, non plus en imagination, mais en réalité, si malheureuse, que j'aurais certainement pris la clef des champs, sauf à être rattrapée et ramenée au bout d'une heure (chance que je ne voulais pas prévoir, tant je me croyais certaine d'aller vite et de me cacher habilement dans les buissons du chemin), sans un nouvel accident arrivé à ma grand'mère.

Un jour, au milieu de son diner, elle se trouva prise d'un étourdissement, elle ferma les yeux, devint pâle, et resta immobile et comme pétrifiée pendant une heure. Ce n'était pas un évanouissement, mais plutôt une sorte de catalepsie. La vie molle et sans mouvement physique qu'elle s'était obstinée à mener avait mis en elle un germe de paralysie qui devait l'emporter plus tard, et qui s'annonça dès lors par une suite d'accidents du même genre. Deschartres trouva ce symptôme très-grave, et la manière dont il m'en parla changea toutes mes idées. Je retrouvais dans mon cœur une grande affection pour ma bonne maman quand je la voyais malade ; j'éprouvais alors le besoin de rester auprès d'elle, de la soigner, et une crainte excessive de lui faire du mal en lui faisant de la peine. Cette sorte de catalepsie revint cinq ou six fois par an pendant deux années, et reparut ensuite aux approches de sa dernière maladie.

Je commençai donc à me reprocher mes projets insensés. Ma mère ne les encourageait pas ; tout au contraire, elle semblait vouloir me les faire oublier en se faisant oublier elle-même, car elle m'écrivait assez rarement, et il me fallait lui adresser deux ou trois lettres pour en recevoir une d'elle. Elle s'apercevait, un peu tard sans doute, mais avec raison, qu'elle avait trop développé ma sensibilité, et elle m'écrivait : « *Cours,* joue, marche,
» grandis, reprends tes bonnes joues roses, ne pense
» à rien que de gai, porte-toi bien et deviens forte,
» si tu veux que je sois tranquille, et que je me
» console un peu d'être loin de toi. »

Je la trouvais devenue bien patiente à supporter notre séparation, mais je l'aimais quand même ; et puis ma grand'mère devenait si chétive que le moindre chagrin pouvait la tuer. Je renonçai solennellement (toujours en présence de moi seule) à effectuer ma fuite. Pour n'y plus penser, comme ce maudit *trésor* me donnait des tentations ou des regrets, je le retirai de la chambre où sa vue et l'espèce de mystère de son existence m'impressionnaient doublement. Je le donnai à serrer à ma bonne, après avoir envoyé à Ursule tout ce qu'elle pouvait accepter sans être accusée d'indiscrétion par ses parents, très-sévères et très-délicats sous ce rapport.

Je ne pouvais pas me dissimuler que la maladie de ma bonne maman et les accidents qui se renouvelaient avaient porté atteinte à sa force d'esprit et à la sérénité de son caractère. Chez elle, l'esprit proprement dit, comme on l'entend dans le monde, c'est-à-dire l'art de causer et d'écrire, n'avait point souffert; mais le jugement et la saine appréciation des personnes et des choses avaient été ébranlés. Elle avait tenu jusqu'alors ses domestiques et même ses amis à une certaine distance du sanctuaire de sa pensée. Elle avait résisté à ses premières impressions et aux influences du préjugé. Il n'en était plus absolument de même, bien que l'apparence y fût toujours. Les domestiques avaient trop voix délibérative dans les conseils de la famille, et c'est ici le cas de dire une chose dont j'ai la certitude par expérience, c'est qu'il ne faut point initier les serviteurs, quelque estimables et respectables qu'ils soient, à des détails trop délicats d'intérêt ou de sentiment. Je ne crois pas que, de ma part, cette restriction puisse être suspectée de préjugé aristocratique ni de morgue dans le caractère. Mais on me permettra de me bien expliquer sur ce chapitre si important de la vie privée.

Selon moi, dans une famille bien entendue et bien réglée, il n'y a ni *maîtres* ni *valets*, et je voudrais qu'on effaçât de la langue ces vilains mots qui n'ont plus de sens que dans le préjugé. On n'est pas le *maître* d'un homme libre qui peut vous quitter dès qu'il est mécontent de vous. On n'est *laquais* que parce qu'on veut l'être, c'est-à-dire parce qu'on a les vices de l'emploi. Le véritable mot qui convient est le mot très-français de domestique, et on doit l'entendre dans son acception littérale, *fonctionnaire dans la maison* (*domus*). En effet, un domestique est un fonctionnaire, et pas autre chose. Vous lui donnez un emploi chez vous selon ses aptitudes, et en vertu d'un traité qui n'engage ni lui ni vous, pour un temps déterminé. Si l'on se convient et que le marché ne soit onéreux ni pour l'un ni pour l'autre, il y a peu de raisons pour se tromper ou se haïr ; il y en a même beaucoup pour rester ensemble, si l'on est honnête et raisonnable de part et d'autre ; mais il n'y en a aucune pour se condamner à vivre sous le même toit, si les caractères sont inconciliables.

Je n'aime pas qu'on fasse trop le *bon maître* avec les domestiques, sous prétexte qu'ils sont malheureux et humiliés de leur position. S'ils sont humiliés de *servir,* c'est la faute d'un manque de dignité de leur part, car je ne vois pas pourquoi il faut qu'ils *servent*. Se charger du soin d'un ménage, de la salubrité et de la propreté d'une maison, de la confection des aliments communs, de l'entretien d'un jardin ou d'une écurie, c'est travailler, fonctionner, ce n'est pas servir. Monter derrière une voiture, attacher les souliers d'un maître et lui rendre tous les petits offices qu'il peut se rendre lui-même, c'est différent. Mais je vois avec plaisir que l'usage de cette servitude se perd chaque jour, que peu d'hommes jeunes et sains se font habiller par *leurs gens,* que les voitures nouvelles ont des siéges devant et derrière pour que les domestiques y soient bien assis, et même qu'on fait des voitures basses où l'on n'a qu'à pousser soi-même un ressort pour faire tomber et remonter le marchepied, afin de se passer de la vanité et de l'embarras de promener derrière soi un grand mannequin qui s'enrhume en hiver et se grille en été sans profit pour personne. Ce sont des indices puériles du progrès invincible de l'égalité dans les mœurs, même chez les gens les moins disposés à la reconnaître en principe.

Les services envers la personne se réduisent donc chaque jour, et finiront par se borner aux secours qu'un domestique peut s'engager à rendre à une personne malade ou débile, et dans ce cas, c'est de l'assistance. Sa fonction est modifiée; il est une sorte d'infirmier, et si l'infirme est maussade et irritable, l'homme qui l'assiste ne sera pas humilié de le supporter avec une certaine patience, pourvu qu'il n'y ait point abus.

Rien n'est donc avilissant dans les fonctions domestiques, si le fonctionnaire y porte un sentiment juste de ses devoirs et de ses droits, s'il empêche celui qui l'emploie d'outre-passer ou d'oublier les siens, et s'il ne subit d'exigences que ce qu'il doit en subir aux termes de son traité.

Les vivacités réciproques, les altercations, même les injustices passagères, toutes choses inévitables dans les relations journalières, auraient beaucoup moins de gravité dans les relations de ce genre, si on se faisait de part et d'autre une véritable idée de l'égalité. On peut dire à un domestique trop susceptible : « Pourquoi vous fâchez-vous d'un instant d'humeur de ma part quand d'autres fois j'en ai subi autant de la vôtre? N'ai-je jamais de ces moments de désaccord avec mes amis, avec mes parents? et pourquoi en êtes-vous plus humilié qu'eux? Vous ai-je interdit de vous expliquer, si votre infraction au règlement est involontaire? Quant aux infractions réfléchies et répétées, j'ai le droit de vous en avertir et de m'en plaindre à vous, comme vous avez celui de m'avertir et de vous plaindre à moi si j'exige de vous ce que notre convention n'admet pas ou n'a pas prévu : mais rien dans ces explications ne détruit entre nous le pacte de l'égalité. Si j'étais assez violent ou assez fou pour lever la main sur vous, vous auriez le droit de me rendre la pareille, et l'égalité ne serait pas violée pour cela, car il arrive que, dans le peuple, on se bat entre amis, entre enfants du même père ; c'est un acte de délire, mais, du moment que rien ne vous oblige de l'endurer patiemment, je ne vois pas que vous puissiez être avili par les manifestations de mon délire. »

On voit qu'en mettant tout au pire dans les relations domestiques, en allant même jusqu'à ce cas insolite et exceptionnel des voies de fait, le *valet* n'est *valet* que lorsqu'il veut bien l'être. Lorsqu'il se laisse avilir pour profiter du repentir ou de la lassitude du *maître*, il est méprisable ; et l'usage d'un passé absurde et révoltant sous ce rapport a malheureusement créé une race d'hommes qu'on a dû flétrir du terme de laquais et de valets ; mais leurs vices ont été primitivement l'œuvre de leurs maîtres, et quand ceux-ci comprendront l'égalité et la pratiqueront, cette race disparaîtra. Elle est presque inconnue dans les campagnes, et pourtant les fermiers, les métayers et les cultivateurs aisés ont aussi des *domestiques*, avec lesquels ils ne font aucune différence des membres de leur famille. C'est là véritablement que la fonction est comprise et remplie. Si le fermier fouaille quelquefois son porcher, de même il fouaille son enfant. Du reste, maîtres et serviteurs mangent ensemble, et c'était l'usage chez les seigneurs au temps passé ; il est mauvais (outre qu'il est gênant et dispendieux) que cet usage se soit perdu, et je ne désespère pas qu'il revienne quand le temps et le progrès auront fait justice de la race des laquais pour ne laisser autour de nous que des fonctionnaires, nos amis parfois, nos égaux toujours.

Voilà l'idéal, et là, comme en toutes choses, il faut l'avoir en soi pour se diriger d'une manière équitable au milieu des écueils que nous créent des rapports encore mal entendus et mal observés de part et d'autre dans la réalité. Mais, dans cette réalité, il y a une chose triste, douloureuse à constater : c'est qu'il y a encore beaucoup de domestiques qui veulent être laquais malgré vous, et que chez les meilleurs il reste encore des préjugés d'inégalité très-difficiles, sinon impossibles à extirper. Voilà pourquoi ce qu'on appelle les *bons serviteurs,* les vieux et fidèles amis de la famille, ceux qui ont conservé les traditions et les formules du passé, sont, la plupart du temps, acariâtres, tyranniques, impossibles à supporter pour qui se sent l'égal d'un homme, et non son esclave sous prétexte d'être son maître. Ces braves gens ont les formes de la soumission, un grand zèle, un amour-propre quasi furieux de bien faire, un dévouement, parfois un désintéressement admirable. Cela était beau dans son temps; mais faites attention que cela n'est guère possible ni avantageux dans le nôtre.

L'homme ne s'abjure jamais. On ne peut se soumettre et s'immoler ainsi comme domestique qu'à la condition d'être le maître en réalité un jour ou l'autre; et c'est ce qui arrivait toujours. On avait exploité la vie de cet être, on l'avait usé, épuisé; on avait abusé de sa patience et de son dévouement; et, en retour, il s'était rendu nécessaire. Il s'était créé des droits en dehors de la convention première; il vous avait sacrifié sa jeunesse, ses forces et sa dignité. Vous lui deviez un dédommagement, et vous ne pouviez pas le lui donner trop considérable, car aucun sacrifice ne saurait être comparé à celui dont vous aviez profité. Alors il devenait, en vertu d'un droit tacite, le maître absolu de votre maison, le régulateur jaloux de vos habitudes ou de vos besoins, le confident inévitable de vos soucis intérieurs, l'avocat favorable à ce fils, ou contraire à cet autre; tel de vos amis avait sa protection, tel autre son antipathie. On riait de cela d'abord, peu à peu on s'y soumettait, et quand la vie du vieux maître et celle du vieux serviteur se prolongeaient, leur intimité dernière devenait, la plupart du temps, un supplice pour tous deux, le maître étant opprimé pour avoir été trop bien servi, le serviteur ne connaissant plus de bornes et de satisfaction à ses exigences pour avoir été trop longtemps exploité et dominé.

J'ai tant vu de ces exemples, j'en ai tant souffert pour mon propre compte, pour avoir accepté sans prévoyance et sans méfiance des dévouements qu'on a voulu me faire payer ensuite par l'indépendance de toute ma vie, que je souhaiterais faire goûter mes idées aux personnes d'humeur bienveillante qui courent les mêmes risques, faute de comprendre comment et pourquoi tout cela doit se modifier dans les mœurs présentes et futures.

Nous sommes destinés à avoir, dans un avenir peut-être assez prochain, non plus des laquais, non plus même des serviteurs, mais des fonctionnaires, sortes d'associés à notre vie domestique. Nous sommes dans un temps de transition où ces fonctionnaires comprennent peu et exercent mal leurs droits et leurs devoirs. Notre devoir, à nous, est de les conduire peu à peu à ce résultat, qui assurera la sécurité et la dignité de notre intérieur. Pour y arriver, il nous faut établir avec les domestiques des relations nouvelles et qui soient tout le contraire de celles du passé. Ainsi deux écueils à éviter avec un soin égal, la hauteur qui blesse, et la familiarité qui avilit : la suppression aussi complète que possible des soins inutiles envers nos personnes, car lorsque ces soins sont inutiles, ils ne sont plus l'assistance d'un homme envers un autre homme, ils deviennent une sorte d'*hommage* rendu par l'esclave au maître : la suppression absolue des formes de langage qui consacrent les usages de la servitude. Je déteste qu'un domestique me parle à la troisième personne, et qu'il me dise *madame est servie*, quand il peut tout aussi bien m'avertir que c'est le dîner qui est servi sur la table. Nos Berrichons ne connaissent point ce jargon des laquais du beau monde, et ils ont une habitude de politesse que je trouve fort touchante quoiqu'elle fasse rire ceux qui ne la comprennent pas. Quand on leur demande quelque chose, ils vous répondent *je veux bien;* cela révoltait madame de Béranger. Je *l'espère bien!* répondait-elle avec dédain; c'était récompenser par une dureté gratuite la simplicité et le bon cœur de gens qui ne songeaient qu'à lui montrer leur zèle.

Je trouve qu'il faut être d'une politesse scrupuleuse avec les domestiques, ne jamais leur dire : « *Faites ceci,* » mais « *Voulez-vous faire ceci;* » ne jamais manquer de les remercier quand ils vous rendent d'eux-mêmes un petit service, ne fût-ce que de vous présenter un objet; ne jamais les appeler sans nécessité pour leur faire faire ce qu'on peut faire soi-même, pour ouvrir ou fermer une fenêtre, mettre une bûche au feu, etc.; ces niaiseries m'ont toujours paru révoltantes, de même que de se faire coiffer et habiller par des femmes de chambre.

Une femme de chambre est un fonctionnaire qui doit coudre, ranger, conserver et entretenir le linge, les vêtements, etc. Ce n'est point une esclave qui doive toucher à votre corps et nettoyer votre personne. Les infirmes, les malades, les vieillards épuisés ont seuls droit à ce genre de soins.

Mais, en même temps qu'il faut supprimer absolument des attributions domestiques tout ce qui les rend avilissantes, il faut supprimer la familiarité morale, les confidences, les épanchements, même les entretiens inutiles et les causeries oiseuses. Je ne dis pas cela pour l'avenir, j'en limite la nécessité au temps de transition où nous sommes; mais là, je la vois impérieuse, et je crois pouvoir assurer qu'il n'existe point encore de domestiques capables de ne pas abuser, à leur détriment autant qu'au nôtre, de notre intimité de cœur avec eux. Il faudrait qu'ils fussent arrivés à se connaître et à se sentir nos égaux. Mais tels qu'ils sont, il faut qu'ils soient nos esclaves ou nos maîtres, dès que nous leur demandons autre chose que de remplir une fonction auprès de nous.

Or la fonction de nous consoler, de nous distraire, de nous servir dans nos passions, de garder nos secrets, ou d'intervenir dans nos différends avec la famille, cette fonction-là n'est pas créée, que je sache, et ne le sera jamais à prix d'argent. Elle ne peut qu'être misérablement pervertie et dénaturée entre deux êtres dont l'un se croit l'inférieur de l'autre. Il y a échange entre la fonction et la rétribution. Il n'y en a point entre l'épanchement et la complaisance, à moins que, par réciprocité, vous ne vous soumettiez à être à votre tour le confident et le complaisant de votre domestique, à le servir dans ses amours, à écouter le récit de ses peines, à intervenir dans ses chagrins de famille, etc. S'il en est ainsi, si vous le faites, je n'ai rien à dire; mais pourtant faites bien attention à ceci : l'échange sera-t-il bien complet, et voulez-vous être absolument pour lui ce qu'il est pour vous? Quand il sera soucieux, essayerez-vous de le distraire en lui racontant tous les petits commérages que vous encouragez de sa part pour vous désennuyer? Prendrez-vous parti pour les personnes qu'il aime et contre celles qu'il déteste, comme vous souhaitez qu'il le fasse pour vous complaire? Ferez-vous de l'intrigue ou de la diplomatie avec ses amis ou ses ennemis, pour les besoins de son intérêt ou de sa passion, comme vous aimez à lui en voir faire à votre profit? Si vous y êtes bien résolu, à la bonne heure; mais j'en doute, et je constate que si vous y faites la moindre différence, vous abusez de cet ami de votre choix. Vous êtes un ingrat, un égoïste. Il le sentira tôt ou tard, s'il ne le sent déjà; il en abusera, il se vengera par le dégoût ou par la trahison, si ce n'est pas déjà fait; à moins que vous ne récompensiez son dévouement par des avantages pécuniaires, par une augmentation quelconque de bien-être matériel. Libre à vous! mais alors n'espérez jamais le satisfaire, et préparez-vous à sacrifier votre bien-être au sien, à subir sa dépendance, à devenir son esclave, à en faire votre héritier ou à être volé par lui ; car les services moraux et intellectuels ne se payent point avec de l'argent, et il aura raison de trouver que ce n'est pas assez de tout ce que vous possédez pour vous acquitter envers lui. N'ayant jamais obtenu de vous un dévouement moral égal au sien, il ne mettra pas de bornes à ses exigences matérielles, et l'injustice, l'indiscrétion, l'ingratitude ou la duplicité dont vous vous plaindrez seront votre ouvrage.

Attendez donc que l'avenir vous permette de faire de votre domestique votre ami de cœur, et jusque-là ne lui donnez pas le moindre accès dans ce sanctuaire ; car s'il n'y entre pas comme votre égal, il le profanera ou s'y sentira avili. Tout ce que vous pouvez et devez faire pour l'arracher à cette prétendue inégalité à laquelle il croit encore, c'est d'élever sa fonction autant que possible, mais seulement dans ce qui est du domaine de sa fonction.

Voilà une bien longue digression, mais je la crois utile pour tout le monde, car je n'exagère pas en disant que tout le monde fait trop ou trop peu dans ce genre de relations, et que personne n'est dans la juste limite qui conviendrait ; pas même moi qui prêche et qui ai souvent subi les travers et les entraînements d'une impatience maladive, ou d'une débonnaireté irréfléchie avec les vieux domestiques, tendres et insupportables tyrans que m'avait légués ma grand'mère. C'est parce que j'ai à regretter de n'avoir pas toujours bien raisonné à cet égard, et d'avoir fait fatalement des ingrats, que je me crois le droit d'avertir les autres tout en m'accusant.

Et puis, si ma dissertation n'est pas utile aux autres, elle m'est du moins nécessaire pour commencer le récit d'une époque de ma vie où j'ai été beaucoup trop livrée et très-souvent sacrifiée à l'influence exagérée des domestiques.

J'ai dit que la maladie de ma grand'mère avait porté une atteinte sensible, non pas à la lucidité de son intelligence, mais à la fermeté et à la sérénité de son caractère. La santé morale était affaiblie avec la santé physique, et pourtant elle n'avait que soixante-six ans, âge qui n'est pas fatalement marqué pour les infirmités du corps et de l'âme, âge que j'ai vu atteindre et dépasser par ma mère sans amener la moindre diminution dans son énergie morale et physique.

Ma grand'mère ne pouvait plus guère supporter le bruit de l'enfance, et je me faisais volontairement, mais non sans effort et sans souffrance, de plus en plus taciturne et immobile à ses côtés. Elle sentait que cela pouvait être préjudiciable à ma santé, et elle ne me gardait plus guère auprès d'elle. Elle était poursuivie par une somnolence fréquente, et comme son sommeil était fort léger, que le moindre souffle la réveillait péniblement, elle voulut, pour échapper à ce malaise continuel, régulariser son sommeil de la journée. Elle s'enfermait donc à midi pour faire sur son grand fauteuil une sieste qui durait jusqu'à trois heures. Et puis c'étaient des bains de pieds, des frictions, et mille soins particuliers qui la forçaient à s'enfermer avec mademoiselle Julie, si bien que je ne la voyais plus guère qu'aux heures des repas et pendant la soirée, pour faire sa partie ou tenir les cartes tandis qu'elle faisait des patiences et des réussites. Cela m'amusait médiocrement, comme on peut croire, mais je n'ai point à me reprocher d'y avoir jamais laissé paraître un instant d'humeur ou de lassitude.

Chaque jour j'étais donc livrée davantage à moi-même, et les courtes leçons qu'elle me donnait consistaient en un examen de mon cahier d'extraits, tous les deux ou trois jours, et une leçon de clavecin qui durait à peine une demi-heure. Deschartres me donnait une leçon de latin que je prenais de plus en plus mal, car cette langue morte ne me disait rien; et une leçon de versification française qui me donnait des nausées, cette forme, que j'aime et que j'admire pourtant, n'étant point la mienne, et ne me venant pas plus naturellement que l'arithmétique, pour laquelle j'ai toujours eu une incapacité notoire. J'étudiais pourtant et l'arithmétique, et la versification, et le latin, voire un peu de grec et un peu de botanique par-dessus le marché, et rien de tout cela ne me plaisait. Pour comprendre la botanique (qui n'est point du tout une science à la portée des demoiselles), il faut connaître le mystère de la génération et la fonction des sexes ; c'est même tout ce qu'il y a de curieux et d'intéressant dans l'organisme des plantes. Comme on le pense bien, Deschartres me faisait sauter à pieds joints par là-dessus, et j'étais beaucoup trop simple pour m'aviser par moi-même de la moindre observation en ce genre. La botanique se réduisait donc pour moi à des classifications purement arbitraires, puisque je n'en saisissais pas les lois cachées, et à une nomenclature grecque et latine qui n'était qu'un aride travail de mémoire. Que m'importait de savoir le nom scientifique de toutes ces jolies herbes des prés, auxquelles les paysans et les pâtres ont donné des noms souvent plus poétiques et toujours plus significatifs : le thym de bergère, la bourse à berger, la patience, le pied de chat, le baume, la nappe, la mignonnette, la boursette, la repousse, le danse-toujours, la pâquerette, l'herbe aux gredots, etc. Cette botanique à noms barbares me semblait la fantaisie des pédants, et de même pour la versification latine et française, je me demandais, dans ma superbe ignorance, à quoi bon ces alignements et ces règles desséchantes qui gênaient l'élan de la pensée et qui en glaçaient le développement. Je me répétais tout bas ce que j'avais entendu dire souvent à ma naïve mère : « A quoi ça sert-il, toutes ces fadaises-là ? » Elle avait le bon sens de Nicole, moi la sauvagerie instinctive d'un esprit très-logique sans le savoir, et très-positif par cela même qu'il était très-romanesque : ceci peut sembler un paradoxe, mais j'aurai tant à y revenir, qu'on me permettra de passer outre pour le moment.

CHAPITRE SEPTIÈME

Mes rapports avec mon frère. — Les ressemblances et les incompatibilités de nos caractères. — Violences de ma bonne. — Tendances morales que développe en moi cette tyrannie. — Ma grand'mère devient royaliste sans l'être. — Le portrait de l'empereur Alexandre. — Retour de l'île d'Elbe. — Nouvelles visions. — Ma mère revient à Nohant. — Je pardonne à ma bonne. — Le passage de l'armée de la Loire. — La cocarde du général Subervie. — Le général Colbert. — Comme quoi Nohant faillit être le foyer et le théâtre d'une Vendée *patriotique*. — Le licenciement. — Le colonel Sourd. — Les *brigands de la Loire*. — Les pêches de Deschartres. — Le régiment de mon père. — Visite de notre cousin. — Dévotion de madame de la Marlière. — Départ de ma mère. — Départ de mon frère. — Solitude.

J'entrerai plus tard dans un détail plus raisonné du goût ou du dégoût que m'inspirèrent mes diverses études. Ce que je veux me retracer ici, c'est la disposition morale dans laquelle je me trouvai, livrée pour ainsi dire à mes propres pensées, sans guide, sans causerie, sans épanchement. J'avais besoin d'exister pourtant, et ce n'est pas exister que d'être seul. Hippolyte devenait de plus en plus turbulent, et dans nos jeux il n'était pas question d'autre chose que de faire du mouvement et du bruit. Il m'en donnait bien vite plus que je n'avais besoin d'en prendre, et cela finissait toujours par quelque susceptibilité de ma part et quelque rebuffade de la sienne. Nous nous aimions pourtant, nous nous sommes toujours aimés. Il y avait certains rapports de caractère et d'intelligence entre nous, malgré d'énormes différences d'ailleurs. Il était aussi positif que j'étais romanesque, et pourtant il y avait dans son esprit un certain sens artiste, et dans sa gaieté un tour d'observation critique qui répondait au côté enjoué de mes instincts. Il ne venait personne chez nous qu'il ne jugeât, ne devinât et ne sût reprendre et analyser avec beaucoup de pénétration, mais avec trop de causticité. Cela m'amusait assez, et nous étions horriblement moqueurs ensemble. J'avais besoin de gaieté, et personne n'a jamais su comme lui me faire rire. Mais on ne peut pas toujours rire, et j'avais encore plus besoin d'épanchement sérieux que de folie à cette époque-là.

Ma gaieté avec lui avait donc souvent quelque chose sinon de forcé, du moins de nerveux et de fébrile. A la moindre occasion, elle se changeait en bouderie et puis en larmes. Mon frère prétendait que j'avais un mauvais caractère, cela n'était pas, il l'a reconnu plus tard; j'avais tout bonnement un secret ennui, un profond chagrin que je ne pouvais pas lui dire et dont il se fût peut-être moqué comme il se moquait de tout, même de la tyrannie et des brutalités de Deschartres.

Je m'étais dit que tout ce que j'apprenais ne me servirait de rien, puisque, malgré le silence de ma mère à cet égard, j'avais toujours la résolution de retourner auprès d'elle et de me faire ouvrière avec elle aussitôt qu'elle le jugerait possible. L'étude m'ennuyait donc d'autant plus que je ne faisais pas comme Hippolyte, qui, bien résolûment, s'en abstenait de son mieux. Moi, j'étudiais par obéissance, mais sans goût et sans entraînement, comme une tâche fastidieuse que je fournissais durant un certain nombre d'heures fades et lentes. Ma bonne maman s'en apercevait et me reprochait ma langueur, ma froideur avec elle, ma préoccupation continuelle qui ressemblait souvent à de l'imbécillité, et dont Hippolyte me raillait tout le premier sans miséricorde. J'étais blessée de ces reproches et de ces railleries, et on m'accusait d'avoir un amour-propre excessif. J'ignore si j'avais beaucoup d'amour-propre en effet, mais j'ai bien conscience que mon dépit ne venait pas de l'orgueil contrarié, mais d'un mal plus sérieux, d'une peine de cœur méconnue et froissée.

Jusqu'alors Rose m'avait menée assez doucement, eu égard à l'impétuosité naturelle de son caractère. Elle avait été tenue en bride par la fréquente présence de ma mère à Nohant, ou plutôt elle avait obéi à un instinct qui commençait à se modifier, car elle n'était pas dissimulée, j'aime à lui rendre cette justice. Je pense qu'elle était de la nature de ces bonnes couveuses qui soignent tendrement leurs petits tant qu'ils peuvent dormir sous leur aile, mais qui ne leur épargnent pas les coups de bec quand ils commencent à voler et à courir seuls. A mesure que je me faisais grandelette, elle ne me dorlotait plus, et, en effet, je n'avais plus besoin de l'être; mais elle commençait à me brutaliser, ce dont je me serais fort bien passée. Désirant ardemment complaire à ma grand'mère, elle prenait en sous-ordre le soin et la responsabilité de mon éducation physique, et elle m'en fit une sorte de supplice. Si je sortais sans prendre toutes les petites précautions indiquées contre le rhume, j'étais d'abord, je ne dirai pas grondée, mais abasourdie ; le mot n'est que ce qu'il faut pour exprimer la tempête de sa voix et l'abondance des épithètes injurieuses qui ébranlaient mon système nerveux. Si je déchirais ma robe, si je cassais mon sabot, si, en tombant dans les broussailles, je me faisais une égratignure qui eût pu faire soupçonner à ma grand'mère que je n'avais pas été bien surveillée, j'étais battue, assez doucement d'abord, et comme par mesure d'intimidation, peu à peu plus sérieusement, par système de répression, et enfin tout à fait par besoin d'autorité et par habitude de violence. Si je pleurais, j'étais battue plus fort ; si j'avais eu le malheur de crier, je crois qu'elle m'aurait tuée, car lorsqu'elle était dans le paroxysme de la colère, elle ne se connaissait plus. Chaque jour l'impunité la rendait plus rude et plus cruelle, et en cela elle abusa étrangement de ma bonté ; car, si je ne la fis point chasser (ma grand'mère ne lui eût certes pas pardonné d'avoir seulement levé la main sur moi), ce fut uniquement parce que je l'aimais, en dépit de son abominable humeur. Je suis ainsi faite, que je supporte longtemps, très-longtemps ce qui est intolérable. Il est vrai que quand ma patience est lassée, je brise tout d'un coup et pour jamais.

Pourquoi aimais-je cette fille au point de me laisser opprimer et briser à chaque instant ? C'est bien simple ; c'est qu'elle aimait ma mère, c'est qu'elle était encore la seule personne de chez nous qui me parlât d'elle quelquefois, et qui ne m'en parlât jamais qu'avec admiration et tendresse. Elle n'avait pas l'intelligence assez déliée pour voir jusqu'au fond de mon âme le chagrin qui me consumait, et pour comprendre que mes distractions, mes négligences, mes bouderies n'avaient pas d'autre cause : mais quand j'étais malade elle me soignait avec une tendresse extrême. Elle avait pour me désennuyer mille complaisances que je ne rencontrais point ailleurs ; si je courais le moindre danger, elle m'en tirait avec une présence d'esprit, un courage et une vigueur qui me rappelaient quelque chose de ma mère. Elle se serait jetée dans les flammes ou dans la mer pour me sauver ; enfin, ce que je craignais plus que tout, les reproches de ma grand'mère, elle ne m'y exposa jamais, elle m'en préserva toujours. Elle eût menti au besoin pour m'épargner son blâme, et quand mes légères fautes m'avaient placée dans l'alternative d'être battue par ma bonne ou grondée par ma grand'mère, je préférais de beaucoup être battue.

Pourtant ces coups m'offensaient profondément. Ceux de ma mère ne m'avaient jamais fait d'autre mal et d'autre peine que le chagrin de la voir fâchée contre moi. Il y avait longtemps d'ailleurs qu'elle avait cessé entièrement ce genre de correction, qu'elle pensait n'être applicable qu'à la première enfance. Rose, procédant au rebours, adoptait ce système à un âge de ma vie où il pouvait m'humilier et m'avilir. S'il ne me rendit point lâche, c'est que Dieu m'avait donné un instinct très-juste de la véritable dignité humaine. Sous ce rapport, je le remercie de grand cœur de tout ce que j'ai supporté et souffert. J'ai appris de bonne heure à mépriser l'injure et le dommage que je ne mérite pas. J'avais vis-à-vis de Rose un profond sentiment de mon innocence et de son injustice, car je n'ai jamais eu aucun vice, aucun travers qui ait pu motiver ses indignations et ses emportements. Tous mes torts étaient involontaires, et si légers que je ne comprendrais pas ses fureurs aujourd'hui si je ne me rappelais qu'elle était rousse, et qu'elle avait le sang si chaud qu'en plein hiver elle était vêtue d'une robe d'indienne et dormait la fenêtre ouverte.

Je m'habituai donc à l'humiliation de mon esclavage, et j'y trouvai l'aliment d'une sorte de stoïcisme naturel dont j'avais peut-être besoin pour pouvoir vivre avec une sensibilité de cœur trop surexcitée. J'appris de moi-même à me roidir contre le malheur, et, à cet égard, j'étais assez encouragée par mon frère, qui, dans nos escapades, me disait en riant : *« Ce soir, nous serons battus. »* Lui, horriblement battu par Deschartres, prenait son parti avec un mélange de haine et d'insouciance. Il se trouvait vengé par la satire ; moi, je trouvais ma vengeance dans mon héroïsme et dans le pardon que j'accordais à ma bonne. Je me guindais même un peu pour me rehausser vis-à-vis de moi-même dans cette lutte de la force morale contre la force brutale, et lorsqu'un coup de poing sur la tête m'ébranlait les nerfs et remplissait mes yeux de larmes, je me cachais pour les essuyer. J'aurais rougi de les laisser voir.

J'aurais pourtant mieux fait de crier et de sangloter. Rose était bonne, elle eût eu des remords si elle se fût avisée qu'elle me faisait du mal. Mais peut-être bien aussi n'avait-elle pas conscience de ses voies de fait, tant elle était impétueuse et irréfléchie. Un jour qu'elle m'apprenait à *marquer* mes bas, et que je prenais trois mailles au lieu de deux avec mon aiguille, elle m'appliqua un furieux soufflet. « Tu aurais dû, lui dis-je froidement, ôter ton dé pour me frapper la figure ; quelque jour tu me casseras les dents. » Elle me regarda avec un étonnement sincère, elle regarda son dé et la marque qu'il avait laissée sur ma joue. Elle ne pouvait croire que ce fût elle qui, à l'instant même, venait de me faire cette marque-là. Quelquefois elle me menaçait d'une grande tape aussitôt après me l'avoir donnée, à son insu apparemment.

Je ne reviendrai plus sur cet insipide sujet ; qu'il me suffise de dire que pendant trois ou quatre ans je ne passai guère de jour sans recevoir, à l'improviste, quelque horion qui ne me faisait pas toujours grand mal, mais qui chaque fois me causait un saisissement cruel et me replongeait, moi nature confiante et tendre, dans un roidissement de tout mon être moral. Il n'y avait peut-être pas de quoi, étant aimée quand même, me persuader que j'étais malheureuse, d'autant plus que je pouvais faire cesser cet état de choses et que je ne le voulus jamais. Mais que je fusse fondée ou non à me plaindre de mon sort, je me sentis, je me trouvai malheureuse, et c'était l'être en réalité. Je m'habituais même à goûter une sorte d'amère satisfaction à protester intérieurement et à toute heure contre cette destinée, à m'obstiner de plus en plus à n'aimer qu'un être absent et qui semblait m'abandonner à ma misère, à refuser à ma bonne maman l'élan de mon cœur et de mes pensées, à critiquer en moi-même l'éducation que je recevais et dont je lui laissais volontairement ignorer les déboires, enfin à me regarder comme un pauvre être exceptionnellement voué à l'esclavage, à l'injustice, à l'ennui et à d'éternels regrets.

Qu'on ne me demande donc plus pourquoi, pouvant me targuer d'une espèce d'aristocratie de naissance et priser les jouissances d'un certain bien-être, j'ai toujours porté ma sollicitude et ma sympathie familière, mon intimité de cœur, si je puis ainsi dire, vers les opprimés. Cette tendance s'est faite en moi par la force des choses, par la pression des circonstances extérieures, bien longtemps avant que l'étude de la vérité et le raisonnement de la conscience m'en eussent fait un devoir. Je n'y ai donc aucune gloire, et ceux qui pensent comme moi ne doivent pas plus m'en faire un mérite que ceux qui pensent autrement ne sont fondés à m'en faire un reproche.

Ce qu'il y a de certain, ce que l'on ne contestera pas, de bonne foi, après avoir lu l'histoire de mon enfance, c'est que le choix de mes opinions n'a point été un caprice, une fantaisie d'artiste, comme on l'a dit : mais le résultat inévitable de mes premières douleurs, de mes plus saintes affections, de ma situation même dans la vie.

Ma grand'mère, après une courte résistance à l'entraînement de sa caste, était devenue non pas royaliste, mais *partisan de l'ancien régime,* comme on disait alors. Elle s'était toujours fait une sorte de violence pour accepter, non pas l'usurpation heureuse de l'homme de génie, mais l'insolence des parvenus qui avaient partagé sa fortune sans l'avoir conquise aux mêmes titres. De nouveaux insolents arrivaient ; mais elle n'était pas aussi choquée de leur arrogance, parce qu'elle l'avait déjà connue, et que d'ailleurs mon père n'était plus là avec ses instincts républicains pour lui en montrer le ridicule.

Il faut dire aussi qu'après la longue tension du règne grandiose et absolu de l'empereur, l'espèce de désordre anarchique qui suivit immédiatement la restauration avait quelque chose de nouveau qui ressemblait à la liberté dans les provinces. Les libéraux parlaient beaucoup, et on rêvait une sorte d'état politique et moral jusqu'alors inconnu en France, l'état *constitutionnel,* dont personne ne se faisait une idée juste et que nous n'avons connu qu'en paroles ; une royauté sans pouvoirs absolus, un laisser aller de l'opinion et du langage en tout ce qui touchait aux institutions ébranlées et replâtrées à la surface. Il régnait sous ce rapport beaucoup de tolérance dans un certain milieu bourgeois que ma grand'mère eût volontiers écouté de préférence à son vieux cénacle. Mais *ces dames* (comme disait mon père) ne lui permirent guère de raisonner. Elles avaient l'intolérance de la passion. Elles vouaient à la haine la plus tenace et la plus étroite tout ce qui osait regretter le *Corse*, sans songer que la veille encore elles avaient frayé sans répugnance avec son cortége. Jamais on n'a vu tant de petitesses, tant de commérages, tant d'accusations, tant d'aversions, tant de dénonciations.

Heureusement nous étions loin des foyers de l'intrigue. Les lettres que recevait ma grand'mère nous en apportaient seulement un reflet, et Deschartres se livrait à des déclamations souverainement absurdes contre le *tyran*, auquel il n'accordait pas même une intelligence ordinaire. Quant à moi, j'entendais dire tant de choses que je ne savais plus que penser. L'empereur Alexandre était le grand législateur, le philosophe des temps modernes, le nouveau Frédéric le Grand, l'homme de génie par excellence. On envoyait son portrait à ma grand'mère et elle me le donnait à encadrer. Sa figure, que j'examinai avec grande attention, puisqu'on disait que Bonaparte n'était qu'un petit garçon auprès de lui, ne me toucha point. Il avait la tête lourde, la face molle, le regard faux, le sourire niais. Je ne l'ai jamais vu qu'en peinture, mais je présume que parmi tant de portraits répandus alors en France à profusion, quelques-uns ressemblaient. Aucun ne m'inspira de sympathie, et malgré moi je me rappelais toujours les beaux yeux clairs de *mon empereur* qui s'étaient une fois attachés sur les miens dans un temps où l'on me disait que cela me porterait bonheur.

Mais voilà que tout à coup, dans les premiers jours de mars, la nouvelle nous arrive qu'il est débarqué, qu'il marche sur Paris. Je ne sais si elle nous vint de Paris ou du Midi ; mais ma grand'mère ne partagea pas la confiance de *ces dames,* qui écrivaient : « Réjouissons-nous. Cette fois on le pendra, » ou tout au moins on l'enfermera dans une cage » de fer. » Ma bonne maman jugea tout autrement, et nous dit : « Ces Bourbons sont incapables, et Bonaparte va les chasser pour toujours. C'est leur destinée d'êtres dupes ; comment peuvent-ils croire que tous ces généraux qui ont trahi leur maître ne vont pas les trahir maintenant pour retourner à lui ? Dieu veuille que tout cela n'amène pas de terribles représailles et que Bonaparte ne les traite pas comme il a traité le duc d'Enghien ! »

Quant à moi, je n'ai pas grand souvenir de ce qui se passa à Nohant durant les cent jours. J'étais absorbée dans de longues rêveries où je ne voyais pas clair. J'étais ennuyée d'entendre toujours parler politique, et tous ces brusques revirements de l'opinion étaient inexplicables pour ma jeune logique. Je voyais tout le monde changé et transformé du jour au lendemain. Nos provinciaux et nos paysans s'étaient trouvés royalistes tout d'un coup, sans que je pusse comprendre pourquoi. Où étaient ces bienfaits des Bourbons tant annoncés et tant vantés?

Chaque jour nous apportait vaguement la nouvelle de l'entrée triomphante de Napoléon dans toutes les villes qu'il traversait, et voilà que beaucoup de gens redevenaient bonapartistes qui avaient crié : *A bas le tyran!* et traîné le drapeau tricolore dans la boue. Je ne comprenais pas assez tout cela pour en être indignée, mais j'éprouvais un dégoût involontaire et comme un ennui d'être au monde. Il me semblait que tout le monde était fou, et je revenais à mon rêve de la campagne de Russie et de la campagne de France. Je retrouvais mes ailes et je m'en allais au-devant de l'empereur pour lui demander compte de tout le mal et de tout le bien qu'on disait de lui.

Une fois je songeai que je l'emportais à travers l'espace et que je le déposais sur la coupole des Tuileries. Là j'avais un long entretien avec lui, je lui faisais mille questions, et je lui disais : « Si tu me prouves par tes réponses que tu es, comme on le dit, un monstre, un ambitieux, un buveur de sang, je vais te précipiter en bas et te briser sur le seuil de ton palais ; mais si tu te justifies, si tu es ce que j'ai cru, le bon, le grand, le juste empereur, le père des Français, je te reporterai sur ton trône, et avec mon épée de feu je te défendrai de tes ennemis. » Il m'ouvrit alors son cœur et m'avoua qu'il avait commis beaucoup de fautes par un trop grand amour de la gloire, mais il me jura qu'il aimait la France, et que désormais il ne songerait plus qu'à faire le bonheur du peuple, sur quoi je le touchai de mon épée de feu qui devait le rendre invulnérable.

Il est fort étrange que je fisse ces rêves tout éveillée, et souvent en apprenant machinalement des vers de Corneille ou de Racine que je devais réciter à ma leçon. C'était une espèce d'hallucination, et j'ai remarqué depuis que beaucoup de petites filles, lorsqu'elles approchent d'une certaine crise de développement physique, sont sujettes à des extases ou à des visions encore plus bizarres. Je ne me rappellerais probablement pas les miennes si elles n'avaient pris obstinément la même forme pendant quelques années consécutives ; et si elles ne s'étaient pas fixées sur l'empereur et sur la grande armée, il me serait impossible d'expliquer pourquoi. Certes j'avais des préoccupations plus personnelles et plus vives, et mon imagination eût dû ne me présenter que le fantôme de ma mère dans l'espèce d'Éden qu'elle m'avait fait envisager un instant, et auquel j'aspirais sans cesse. Il n'en fut rien pourtant, je pensais à elle à toute heure et je ne la voyais jamais ; au lieu que cette pâle figure de l'empereur que je n'avais vue qu'un instant se dessinait toujours devant moi et devenait vivante et parlante aussitôt que j'entendais prononcer son nom.

Pour n'y plus revenir, je dirai que, lorsque *le Bellérophon* l'emporta à Sainte-Hélène, je fis chavirer le navire en le poussant avec mon épée de feu ; je noyai tous les Anglais qui s'y trouvaient, et j'emportai une fois encore l'empereur aux Tuileries, après lui avoir bien fait promettre qu'il ne ferait plus la guerre pour son plaisir. Ce qu'il y a de particulier dans ces visions, c'est que je n'y étais point moi-même, mais une sorte de génie tout-puissant, l'ange du Seigneur, la destinée, la fée de la France, tout ce qu'on voudra, excepté la petite fille de onze ans, qui étudiait sa leçon ou arrosait son petit jardin pendant les promenades aériennes de son *moi* fantastique.

Je n'ai rapporté ceci que comme un fait physiologique. Ce n'était pas le résultat d'une exaltation de l'âme ni d'un engouement politique, car cela se produisait en moi dans mes pires moments de langueur, de froideur et d'ennui, et souvent après avoir écouté sans intérêt et comme malgré moi ce qui se disait à propos de la politique. Je n'ajoutais aucune foi, aucune superstition à mon rêve, je ne le pris jamais au sérieux, je n'en parlai jamais à personne. Il me fatiguait, et je ne le cherchais pas. Il s'emparait de moi par un travail de mon cerveau tout à fait imprévu et indépendant de ma volonté.

Le séjour des ennemis à Paris y rendait l'existence odieuse et insupportable aux personnes en qui le fanatisme de la royauté n'avait pas étouffé l'amour et le respect de la patrie. Ma mère confia Caroline à ma tante et vint passer l'été à Nohant. Il y avait sept ou huit mois que je ne l'avais vue, je laisse à penser quels furent mes transports. Avec elle d'ailleurs ma vie était transformée. Rose perdait son autorité sur moi et se reposait volontiers de ses fureurs. J'avais été plus d'une fois tentée de me plaindre à ma mère, aussitôt qu'elle arriverait, des mauvais traitements que me faisait essuyer cette fille; mais comme, dans sa sincérité de cœur, elle ne se rendait pas compte à elle-même de ses torts envers moi, comme, au lieu de redouter son arrivée, elle se réjouissait de toute son âme de voir *madame Maurice,* comme elle préparait sa chambre avec sollicitude, comme elle comptait les jours et les heures avec moi, comme elle l'aimait enfin, je lui pardonnai tout, et non-seulement je ne trahis pas le secret de ses violences, mais encore j'eus le courage de les nier, lorsque ma mère en eut quelque soupçon. Je me rappelle qu'un jour ces soup-

CHAPITRE SEPTIÈME.

çons s'aggravèrent et que j'eus un certain mérite à les effacer.

Mon frère avait imaginé de faire de la glu pour prendre les oiseaux. Je ne sais si c'est dans le Grand ou le Petit Albert, ou dans notre vieux manuel de diablerie qu'il en avait trouvé la recette. Il s'agissait tout bonnement de piler du gui de chêne. Nous ne réussîmes point à faire de la glu, mais bien à barbouiller notre visage, nos mains et nos vêtements d'une pâte verte d'un ton fort équivoque. Ma mère travaillait près de nous dans le jardin, assez distraite, suivant sa coutume, et ne songeant pas même à se préserver des éclaboussures de notre baquet. Tout à coup je vis venir Rose au bout de l'allée, et mon premier mouvement fut de me sauver. « Qu'a-t-elle donc? » dit ma mère à Hippolyte en sortant de sa rêverie et en me regardant courir. Mon frère, qui n'a jamais aimé à se faire des ennemis, répondit qu'il n'en savait rien : mais ma mère était méfiante, elle me rappela, et interpellant Rose en ma présence : — « Ce n'est pas la première fois, lui dit-elle, que je remarque combien la petite a peur de toi. Je crois que tu la brutalises. — Mais, dit la rousse indignée de me voir si salie et si tachée, voyez comme elle est faite! n'y a-t-il pas de quoi perdre patience quand il faut passer sa vie à laver et à raccommoder ses nippes? — Ah çà, dit ma mère d'un ton brusque, t'imagines-tu, par hasard, que je t'ai fait entrer ici pour faire autre chose que laver et raccommoder des nippes? crois-tu que c'est pour toucher une rente et lire Voltaire comme mademoiselle Julie? Ote-toi cela de l'esprit, lave, raccommode, laisse courir, jouer et grandir mon enfant, c'est comme cela que je l'entends et pas autrement. »

Aussitôt que ma mère fut seule avec moi, elle me pressa de questions. « Je te vois trembler et pâlir quand elle te fait les gros yeux, me dit-elle; elle te gronde donc bien fort?— Oui, répondis-je, elle me gronde trop fort. — Mais j'espère, reprit ma mère, qu'elle n'a jamais eu le malheur de te donner une chiquenaude, car je la ferais chasser dès ce soir! » L'idée de faire renvoyer cette pauvre fille qui m'aimait tant, malgré ses emportements, fit rentrer au fond de mon cœur l'aveu que j'allais faire. Je gardai le silence. Ma mère insista vivement. Je vis qu'il fallait mentir, mentir pour la première fois de ma vie, et mentir à ma mère! mon cœur fit taire ma conscience. Je mentis, et ma mère, toujours soupçonneuse, n'attribuant ma discrétion qu'à la crainte, mit ma générosité à une rude épreuve en me faisant affirmer plusieurs fois que je lui disais la vérité. Je n'en eus point de remords, je l'avoue. Mon mensonge ne pouvait nuire qu'à moi.

A la fin, elle me crut. Rose ne sut pas ce que j'avais fait pour elle. Tenue en respect par la présence de ma mère, elle se radoucit : mais par la suite, quand nous nous retrouvâmes ensemble, elle me fit payer cher la bêtise de mon cœur. J'eus la fierté de ne pas la lui dire, et, comme de coutume, je subis en silence l'oppression et les outrages.

Un spectacle imposant et plein d'émotions vint m'arracher au sentiment de ma propre existence pendant une partie de l'été que ma mère passa avec moi en 1815. Ce fut le passage et le licenciement de l'armée de la Loire.

On sait qu'après s'être servi de Davoust pour tromper cette noble armée, après lui avoir promis amnistie complète, le roi publiait, le 24 juillet, une ordonnance qui traduisait devant les conseils de guerre Ney, Labédoyère et dix-neuf autres noms chers à l'armée et à la France. Trente-huit autres étaient condamnés au bannissement. Le prince d'Eckmühl avait donné sa démission, sa position de généralissime à l'armée de la Loire n'étant plus soutenable. La Restauration s'apprêtait à le dédommager de sa soumission, elle lui donna pour successeur Macdonald, lequel fut chargé d'opérer en *douceur* le licenciement. Il transféra à Bourges le quartier général de l'armée. « Deux ordres, en date
» des 1er et 2 août, firent connaître ce double chan-
» gement aux troupes. Macdonald, dans ces deux
» ordres, ne prononçait pas encore le mot de licen-
» ciement. Il se bornait à annoncer que, pour sou-
» lager les habitants du fardeau des logements mili-

» taires, il allait *étendre* l'armée. Cette mesure fut
» le commencement de la dissolution : on disloqua
» les brigades et les divisions; les régiments d'un
» même corps ou d'une même arme se trouvèrent
» dispersés à de grandes distances les uns des autres;
» on éparpilla jusqu'aux bataillons ou aux escadrons
» de certains régiments. Une fois tous les rapports
» brisés, l'ordonnance pour la réorganisation de
» l'armée fut rendue publique (le 12 août), et l'on
» procéda au licenciement, mais par détachements,
» par régiments, de manière à diviser les réclama-
» tions, à isoler les murmures et les résistances. »
(ACHILLE DE VAULABELLE, *Histoire des deux Restaurations.*)

C'est ainsi que nous assistâmes à des scènes de détail qui me firent enfin comprendre peu à peu ce qui se passait en France. Jusque-là j'avoue que je ne pouvais guère démêler le vrai sentiment national de l'esprit de parti. J'avais presque frayeur des instincts bonapartistes qui se réveillaient en moi quand j'entendais maudire, conspuer, calomnier et avilir tout ce que j'avais vu respecter et redouter la veille. Ma mère, aussi enfant que moi, n'avait pas attendu le retour des *vieilles comtesses* pour railler et détester l'ancien régime; mais elle n'avait de parti pris sur rien et ne savait quoi répondre à ma bonne maman quand celle-ci, faisant le procès aux ambitieux et aux conquérants *grands tueurs d'hommes*, lui disait qu'une monarchie tempérée par des institutions libérales, un système de paix durable, le retour du bien-être, de la liberté individuelle, de l'industrie, des arts et des lettres, vaudraient mieux à la France que le règne du sabre. « N'avons-nous pas assez maudit la guerre, vous et moi, du temps de notre pauvre Maurice? lui disait-elle; maintenant nous payons les violons de toute cette gloire impériale. Mais laissez passer cette première colère de l'Europe contre nous, et vous verrez que nous entrerons dans une ère de calme et de sécurité heureuse sous ces Bourbons que je n'aime pas beaucoup plus que vous, mais qui nous sont le gage d'un meilleur avenir. Sans eux notre nationalité était perdue. Bonaparte l'avait sérieusement compromise en voulant trop l'étendre. Si un parti royaliste ne s'était pas formé pour hâter sa chute, voyez ce que nous deviendrions aujourd'hui après le désastre de nos armées! La France eût été démembrée, nous serions Prussiens, Anglais ou Allemands. »

Ainsi raisonnait ma grand'mère, n'admettant pas une chose que je crois pourtant fort certaine, c'est que si un parti royaliste ne se fût pas formé pour vendre et trahir le pays, l'univers réuni contre nous n'eût pu vaincre l'armée française. Ma mère, qui volontiers reconnaissait la supériorité de sa belle-mère, se laissait tout doucement persuader, et moi par conséquent avec elle. J'étais donc comme désillusionnée de l'empire et comme résignée à la Restauration, lorsque, par un ardent soleil d'été, nous vîmes reluire sur tous les versants de la vallée noire les glorieuses armes de Waterloo. Ce fut un régiment de lanciers décimé par ce grand désastre qui le premier vint occuper nos campagnes. Le général Colbert établit à Nohant son quartier général. Le général Subervie occupa le château d'Ars, situé à une demi-lieue. Tous les jours, ces généraux, leurs aides de camp et une douzaine d'officiers principaux dînaient ou déjeunaient chez nous. Le général Subervie était alors un joli garçon très-galant avec les dames, enjoué, et même taquin avec les enfants. Comme, par sa faute, je m'étais un peu trop familiarisée avec lui, et qu'il m'avait tiré les oreilles un peu fort en jouant, je me vengeai, un jour, par une espièglerie dont je ne sentais guère la portée. Je découpai une jolie cocarde en papier blanc, et je l'attachai avec une épingle sur la cocarde tricolore de son chapeau, sans qu'il s'en aperçût. Toute l'armée portait encore les couleurs de l'empire, et l'ordre de les faire disparaître n'arriva que quelques jours plus tard. Il alla donc à la Châtre avec cette cocarde et s'étonna de voir les regards des officiers et des soldats qu'il rencontrait se fixer sur lui avec stupeur. Enfin, je ne sais plus quel officier lui demanda l'explication de cette cocarde blanche, à quoi il ne comprit rien, et ôtant son chapeau et jetant la cocarde blanche au diable, il me donna à tous les diables par-dessus le marché.

J'ai revu ce bon général Subervie pour la première fois depuis ce temps-là, en 1848, à l'hôtel de ville, quelques jours après la révolution et lorsqu'il venait d'accepter le portefeuille de la guerre. Il n'avait oublié aucune des circonstances de son passage à Nohant en 1815, et il me reprocha ma cocarde blanche, comme je lui reprochai de m'avoir tiré les oreilles.

Quelques jours plus tard, en 1815, je ne lui aurais certainement pas fait cette mauvaise plaisanterie, car mon court essai de royalisme fut abjuré dans mon cœur, et voici à quelle occasion.

On voyait au premier mot de ma grand'mère, et rien qu'à son grand air et à son costume suranné, qu'elle appartenait au parti royaliste. On supposait même chez elle plus d'attachement à ce parti qu'il n'en existait réellement au fond de sa pensée. Mais elle était fille du maréchal de Saxe, elle avait eu un brave fils au service, elle était pleine de grâces hospitalières et de délicates attentions pour ces *brigands de la Loire* en qui elle ne pouvait voir autre chose que de vaillants et généreux hommes, les frères d'armes de son fils (quelques-uns même l'avaient connu, et je crois que le général Colbert était du nombre); en outre ma grand'mère inspirait le respect, et un respect tendre, à quiconque avait un bon sentiment dans l'âme. Ces officiers qu'elle recevait si bien s'abstenaient donc de dire devant elle un seul mot qui pût blesser les opinions qu'elle était censée avoir; comme, de son côté, elle s'abstenait de prononcer une parole, de rappeler un fait qui pût aigrir leur respectable infortune. Voilà pourquoi je vis ces officiers pendant plusieurs jours sans qu'aucune émotion nouvelle changeât la disposition de mon esprit; mais un jour que nous étions par exception en petit comité à dîner, Deschartres, qui ne savait pas retenir sa langue, excita un peu le général Colbert. Alphonse Colbert, descendant du grand Colbert, était un homme d'environ quarante ans, un peu replet et sanguin. Il avait des manières excellentes, des talents agréables; il chantait des romances champêtres en s'accompagnant au piano; il était plein de petits soins pour ma grand'mère, qui le trouvait charmant, et ma mère disait tout bas que, pour un militaire, elle le trouvait trop à l'eau de rose.

Je ne saurais dire si ce jour-là même l'ordonnance de la dislocation de l'armée n'était pas arrivée de Bourges. Que ce fût cette cause ou les maladroites réflexions de Deschartres, le général s'anima. Ses yeux ronds et noirs commencèrent à lancer des flammes, ses joues se colorèrent, l'indignation et la douleur trop longtemps contenues s'épanchèrent, et il parla avec une véritable énergie : « Non! nous n'avons pas été vaincus, s'écria-t-il, nous avons été trahis, et nous le sommes encore. Si nous ne l'étions pas, si nous pouvions compter sur tous nos officiers, je vous réponds que nos braves soldats feraient bien voir encore à messieurs les Prussiens et à messieurs les Cosaques que la France n'est pas une proie qu'ils puissent impunément dévorer ! » Il parla avec feu de l'honneur français, de la honte de subir un roi imposé par l'étranger, et il peignit cette honte avec tant d'âme, que je sentis la mienne se ranimer, comme le jour où j'avais entendu, en 1814, un enfant de treize ou quatorze ans parler de prendre un grand sabre pour défendre sa patrie.

Ma grand'mère, voyant que le général s'exaltait de plus en plus, voulut le calmer, et lui dit que le soldat était épuisé, que le peuple ne voulait plus que le repos. « Le peuple ! s'écria-t-il, ah ! vous ne le connaissez pas. Le peuple ! son vœu et sa véritable pensée ne se font pas jour dans vos châteaux. Il est prudent devant ses vieux seigneurs qui reviennent, et dont il se défie ; mais nous autres soldats nous connaissons ses sympathies, ses regrets, et, voyez-vous, ne croyez pas que la partie soit si bien gagnée ! On veut nous licencier parce que nous sommes la dernière force, le dernier espoir de la patrie : mais il ne tient qu'à nous de repousser cet ordre comme un acte de trahison et comme une injure. Pardieu ! ce pays-ci est excellent pour une guerre de partisans, et je ne sais pas pourquoi nous n'y organisons pas le noyau d'une Vendée patriotique. Ah ! le peuple, ah ! les paysans ! dit-il en se levant et en brandissant son couteau de table, vous allez les voir se joindre à nous ! Vous verrez comme ils viendront avec leurs faux, et leurs fourches, et leurs vieux fusils rouillés ! On peut tenir six mois dans vos chemins creux et derrière vos grandes haies. Pendant ce temps, la France se lèvera sur tous les points ; et d'ailleurs, si nous sommes abandonnés, mieux vaut mourir avec gloire en se défendant que d'aller tendre la gorge aux ennemis. Nous sommes encore un bon nombre à qui il ne faudrait qu'un mot pour relever l'étendard de la nation et c'est peut-être à moi de donner l'exemple ! »

Deschartres ne disait plus rien. Ma grand'mère prit le bras du général, lui ôta le couteau des mains, le força à se rasseoir, et cela d'une façon si tendre et si maternelle qu'il en fut ému. Il prit les deux mains de la vieille dame, les couvrit de baisers, et lui demandant pardon de l'avoir effrayée, la douleur reprit le dessus sur la colère, et il fondit en larmes, les premières peut-être qui eussent soulagé son cœur ulcéré depuis Waterloo.

Nous pleurions tous, sauf Deschartres, qui cependant n'insistait plus pour avoir raison et à qui un certain respect devant le malheur fermait enfin la bouche. Ma grand'mère emmena le général au salon.

« Mon cher général, au nom du ciel, lui dit-elle, soulagez-vous, pleurez, mais ne dites jamais devant personne des choses comme il vient de vous en échapper. Je suis sûre autant qu'on peut l'être de ma famille, de mes hôtes et de mes domestiques; mais, voyez-vous, dans le temps où nous sommes et lorsqu'une partie de vos compagnons est forcée de fuir pour échapper peut-être à une sentence de mort, c'est jouer votre tête que de vous abandonner ainsi à votre désespoir.

— Vous me conseillez la prudence, chère madame, lui dit-il, mais ce n'est pas la prudence, c'est la témérité que vous devriez me conseiller. Vous croyez donc que je ne parle pas sérieusement, et que je veux accepter le licenciement honteux que les ennemis nous imposent! C'est un second Waterloo, moins l'honneur, auquel on nous pousse. Un peu d'audace nous sauverait!

— La guerre civile! s'écria ma grand'mère : vous voulez rallumer la guerre civile en France! vous idolâtres de ce même Napoléon qui du moins n'a pas voulu imprimer cette tache à son nom et qui a sacrifié son orgueil devant l'horreur d'un pareil expédient! Sachez que je ne l'ai jamais aimé, mais que pourtant j'ai eu de l'admiration pour lui un jour en ma vie. C'est le jour où il a abdiqué plutôt que d'armer les Français les uns contre les autres. Lui-même désavouerait aujourd'hui votre tentative,

Soyez donc fidèles à son souvenir en suivant le noble exemple qu'il vous a donné. »

Soit que ces raisons fissent impression sur l'esprit du général, soit que ces propres réflexions fussent conformes, quant au fond, à celles de ma grand'-mère, il se calma, et plus tard il a repris du service sous les Bourbons. Mais pour tous ceux que la loyauté et la douleur avaient accompagnés comme lui derrière la Loire, il n'y a rien eu que de très-légitime à poursuivre leur carrière militaire, lorsqu'ils l'ont pu sans s'abaisser sous un autre régime.

On a vu dans ce que j'ai cité de l'histoire de M. de Vaulabelle que l'ordre du licenciement fut déguisé sous diverses ordonnances de dislocation partielle. Un soir, la petite place de Nohant et les chemins qui y aboutissent virent une foule compacte de cavaliers encore superbes de tenue venir recevoir les ordres du général Colbert. Ce fut l'affaire d'un instant. Muets et sombres, ils se divisèrent et s'éloignèrent dans des directions diverses.

Le général et son état-major parurent résignés. L'idée d'une *Vendée patriotique* n'était pourtant pas éclose isolément dans la tête de M. de Colbert. Elle avait parcouru les rangs frémissants de l'armée de la Loire ; mais on sait maintenant qu'il y avait là une intrigue du parti d'Orléans à laquelle ils eurent raison de ne point se fier.

Un matin, pendant que nous déjeunions avec

plusieurs officiers de lanciers, on parla du colonel du régiment, tombé sur le champ de bataille de Waterloo. « Ce brave colonel Sourd, disait-on, quelle perte pour ses amis et quelle douleur pour tous les hommes qu'il commandait ! C'était un héros à la guerre et un homme excellent dans l'intimité.

— Et vous ne savez ce qu'il est devenu ? dit ma grand'mère. — Il était criblé de blessures, et il avait un bras fracassé par un boulet, répondit le général. On a pu l'emporter à l'ambulance ; il a encore vécu après l'événement, on espérait le sauver ; mais depuis longtemps nous n'avons plus de ses nouvelles, et tout porte à croire qu'il n'est plus. Un autre a pris le commandement du régiment. Pauvre Sourd ! Je le regretterai toute ma vie ! »

Comme il disait ces mots, la porte s'ouvre. Un officier mutilé, la manche vide et relevée dans la boutonnière, la figure traversée de larges bandes de taffetas d'Angleterre qui cachaient d'effroyables cicatrices, paraît et s'élance vers ses compagnons. Tous se lèvent, un cri s'échappe de toutes les poitrines ; on se précipite sur lui, on l'embrasse, on le presse, on l'interroge, on pleure, et le colonel Sourd achève avec nous ce déjeuner qui avait commencé par son éloge funèbre.

Le lieutenant-colonel Féroussac, qui avait commandé le régiment en son absence, fut heureux de lui rendre son autorité, et Sourd voulut être licencié à la tête de son régiment, qui le revit avec des transports impossibles à décrire.

Je dois ici un souvenir à M. Pétiet, aide de camp du général Colbert, qui fut pour moi d'une bonté vraiment paternelle, toujours occupé de jouer avec moi comme un excellent enfant qu'il était encore, malgré son grade et ses années de service, qui commençaient déjà à compter. Il n'avait guère que trente ans, mais il avait été page de l'impératrice, et il était entré dans l'armée de fort bonne heure. Il avait conservé la gaieté et l'espièglerie d'un page; mon frère et moi nous l'adorions et nous ne le laissions pas un instant en repos. Il est maintenant général.

Au bout d'une quinzaine de jours le général Colbert, M. Pétiet, le général Subervie et les autres officiers du corps qu'ils commandaient allèrent ailleurs, à Saint-Amand, si je ne me trompe. Ma grand'mère aimait déjà tant le général Colbert qu'elle pleura son départ. Il avait été excellent, en effet, parmi nous, et les nombreux officiers supérieurs que nous eûmes successivement à loger pendant une partie de la saison nous laissèrent tous des regrets. Mais à mesure que le licenciement s'opérait, l'intérêt devenait moins vif pour moi, du moins à l'égard des officiers, qui commençaient à prendre leur parti et à se préoccuper de l'avenir plus que du passé. Plusieurs même étaient déjà tout ralliés à la Restauration et avaient de nouveaux brevets dans leur poche. Ma grand'mère voyait cela avec plaisir et leur faisait fête. Mais ce royalisme de fraîche date répugnait encore à ma mère, à moi par conséquent, car je cherchais toujours mon impression dans ses yeux et mon avis sur ses lèvres.

Plus d'un lui fit la cour, car elle était encore charmante, et je crois qu'elle eût pu facilement se remarier honorablement à cette époque; mais elle n'en voulut pas entendre parler, et quoiqu'elle fût entourée d'hommages, jamais je ne vis moins de coquetterie et plus de réserve qu'elle n'en montra.

C'était un spectacle imposant que ce continuel passage d'une armée encore superbe dans notre vallée noire. Le temps fut toujours clair et chaud. Tous les chemins étaient couverts de ces nobles phalanges qui défilaient en bon ordre et dans un silence solennel. C'était la dernière fois qu'on devait voir ces uniformes si beaux, si bien portés, *usés par la victoire,* comme on l'a dit depuis avec raison, ces belles figures bronzées, ces fiers soldats si terribles dans les combats, si doux, si humains, si bien disciplinés pendant la paix. Il n'y eut pas un seul acte de maraude ou de brutalité à leur reprocher. Je ne vis jamais parmi eux un homme ivre, quoique chez nous le vin soit à bon marché, et que le paysan le prodigue au soldat. Nous pouvions nous promener à toute heure sur les chemins, ma mère et moi, comme en temps ordinaire, sans craindre la moindre insulte. Jamais on ne vit le malheur, la proscription, l'ingratitude et la calomnie supportés avec tant de patience et de dignité, ce qui n'empêcha pas qu'ils ne fussent nommés les *brigands de la Loire*.

Deschartres même jeta les hauts cris parce qu'un volume des *Mille et une Nuits* fut égaré, et que quatre belles pêches disparurent de l'espalier où il les regardait mûrir ; méfaits dont Hippolyte peut-être fut le seul coupable. N'importe, Deschartres accusait les brigands, et il ne se calma que lorsque ma bonne maman lui dit avec un grand sérieux : « Eh bien, Deschartres, quand vous écrirez l'histoire de ces temps-ci, vous n'oublierez pas un fait si grave. Vous direz : « Une armée entière traversa » Nohant, et porta le ravage et la dévastation sur » un espalier où l'on comptait quatre pêches avant » cette terrible époque. »

Nous vîmes passer des régiments de toutes armes, des chasseurs, des carabiniers, des dragons, des cuirassiers, de l'artillerie, et ces brillants mameluks avec leurs beaux chevaux et leur costume de théâtre, que j'avais vus à Madrid. Le régiment de mon père passa aussi, et les officiers, dont plusieurs l'avaient connu, entrèrent dans la cour et demandèrent à saluer ma grand'mère et ma mère. Elles les reçurent en sanglotant, prêtes à s'évanouir. Un officier dont j'ai oublié le nom s'écria en me voyant :

CHAPITRE SEPTIÈME.

Ah! voilà sa fille. Il n'y a pas à se tromper à une pareille ressemblance. » Il me prit dans ses bras et m'embrassa en me disant : « Je vous ai vue toute petite en Espagne. Votre père était un brave militaire et bon comme un ange. »

Plus tard, à Paris, ayant plus de vingt ans, j'ai été abordée sur le boulevard par un officier à demi-solde qui m'a demandé si je n'étais pas la fille du *pauvre Dupin*, et, dans un restaurant, d'autres officiers qui dînaient à une autre table sont venus faire la même question aux personnes qui étaient avec moi. C'étaient de braves débris de notre belle armée, mais j'ai la mémoire des noms si peu certaine que je craindrais de me tromper en les citant. Dans toutes ces rencontres, j'ai toujours entendu faire de mon père les plus vifs et les plus tendres éloges.

J'ai dit que mon frère était grand observateur et critique judicieux pour son âge. Il me faisait part de ses remarques, et nous remarquâmes, en effet, que les réconciliations du nouveau pouvoir avec l'armée s'opéraient toujours en commençant par les plus hauts grades. Ainsi, vers la fin du passage, les officiers supérieurs exhibaient avec satisfaction des étendards fleurdelisés, brodés, disait-on, par la duchesse d'Angoulême, et qu'elle leur avait envoyés en signe de bienveillance. Les officiers de moindre grade se montraient irrésolus ou sur la réserve. Les sous-officiers et les soldats étaient tous franchement et courageusement des *bonapartistes*, comme on disait alors, et quand vint l'ordre définitif de changer de drapeau et de cocarde, nous vîmer brûler des aigles dont les cendres furent littéralement baignées de larmes. Quelques-uns crachèrent sur la cocarde *sans tache* avant de la mettre à leur shako. Les officiers ralliés avaient hâte de se séparer de ces fidèles soldats et de prendre place dans l'armée réorganisée sur de nouvelles bases et avec un autre personnel. Je pense bien qu'il y en eut beaucoup de trompés dans leurs espérances, et que les belles promesses à l'aide desquelles on leur avait fait opérer sans bruit la dislocation n'aboutirent plus tard qu'à une maigre demi-solde.

Quand les derniers uniformes eurent disparu dans la poussière de nos routes, nous sentîmes tous une grande tristesse et une grande fatigue; à force de voir marcher, il nous semblait avoir marché nous-mêmes. Nous avions assisté au convoi de la gloire, aux funérailles de notre nationalité. Ma grand'mère avait eu des émotions douloureuses et profondes, des souvenirs ravivés; ma mère, en voyant tous ces jeunes et brillants officiers, avait senti plus que jamais qu'elle n'aimerait plus et que sa vie encore jeune et pleine s'écoulerait dans la solitude et les regrets. Deschartres avait la tête brisée d'avoir eu tous les jours des centaines de logements à distribuer et à discuter. Tous nos domestiques étaient sur les dents pour avoir servi nuit et jour une quarantaine de personnes et de chevaux pendant deux mois. Les courtes finances de ma grand'mère et sa cave s'en ressentaient, mais elle aimait à faire grandement les honneurs de chez elle, et elle y avait mangé une année de son revenu sans se plaindre.

A courir avec les soldats, mon frère avait pris la rage d'être militaire, et il ne fallait plus guère lui parler d'études. Quant à moi, qui avais été comme lui en récréation forcée pendant tout ce temps, j'étais accablée et brisée de mon inaction, car, dès mon plus jeune âge, ne rien faire a toujours été pour moi la pire des fatigues.

Néanmoins j'eus beaucoup de peine à me remettre au travail. Le cerveau est un instrument qui se rouille et qui aurait besoin d'un exercice modéré, mais soutenu. La politique me devenait nauséabonde, Nohant n'était plus aussi recueilli et aussi intime que par le passé. Les autorités de la ville voisine avaient été remplacées en grande partie par des royalistes ardents, qui venaient faire des visites officielles à ma grand'mère, et là on ne parlait que du trône et de l'autel, et des nouvelles tentatives du parti des *jacobins*, et des nouvelles répressions paternelles de ce bon gouvernement qui envoyait à l'échafaud Ney, Labédoyère et autres *scélérats*. On faisait du zèle devant ma grand'mère parce qu'on la croyait bien lancée dans le monde et influente.

Le fait est qu'elle ne l'était ni ne se piquait de l'être. Elle avait passé la seconde moitié de sa vie dans une sorte de retraite qui ne lui avait laissé que peu d'occasions d'être utile, et elle n'était pas charmée de l'*ancien régime* autant qu'on se l'imaginait.

Pour moi, je n'étais plus tentée de me laisser prendre au royalisme. J'avais honte de passer pour en tenir par solidarité de famille. Je trouvais ma mère trop indifférente à tout cela, et je *déblatérais* dans mon coin avec Hippolyte contre ce roi *cotillon* que les troupiers nous avaient enseigné à railler et à chansonner en cachette. Mais il fallait nous bien garder d'en rien laisser paraître, Deschartres n'entendait pas raison sur ce chapitre, et mademoiselle Julie n'avait pas coutume de garder pour elle ce qu'elle entendait.

Mon cousin René de Villeneuve vint nous voir à l'automne. Il était parfaitement aimable, enjoué, sachant occuper agréablement les loisirs de la campagne, et pas du tout royaliste, quoiqu'il sût ménager les apparences. Ma grand'mère lui parla de l'avenir de mon frère, qui s'en allait avoir seize ans et qui ne tenait plus dans sa peau, tant il avait envie de quitter Deschartres et de commencer la vie, n'importe par quel bout. On lui avait enseigné les mathématiques avec l'idée de le mettre dans la marine; mais M. de Villeneuve, qui venait de marier sa fille avec le comte de la Roche-Aymon, et qui voyait dans cette nouvelle alliance beaucoup de nouvelles portes ouvertes pour une certaine influence, engagea ma grand'mère à le faire entrer dans un régiment de cavalerie, où il espérait lui assurer des protections et de l'avancement. Il promit de s'en occuper aussitôt, et mon frère bondit de joie à l'idée d'avoir un cheval et des bottes tous les jours de sa vie.

Après M. de Villeneuve, nous vîmes arriver madame de la Marlière, qui était devenue dévote tout d'un coup et qui allait à la messe et à vêpres le dimanche. Cela m'étonna grandement. Enfin vint la bonne madame de Pardaillan, et puis, tout ce monde parti, ma mère partit à son tour. Quelque temps après, Hippolyte fit ses paquets et alla rejoindre son régiment de hussards à Saint-Omer, si bien qu'au commencement de l'année 1816 je me trouvai absolument seule à Nohant avec ma grand'mère, Deschartres, Julie et Rose.

Alors s'écoulèrent pour moi les deux plus longues, les deux plus rêveuses, les deux plus mélancoliques années qu'il y eût encore eu dans ma vie.

FIN DU TOME CINQUIÈME.

TABLE

DU TOME CINQUIÈME.

TROISIÈME PARTIE.

CHAPITRE PREMIER.

Voyage à Paris. — La grande berline. — La Sologne. — La forêt d'Orléans et les pendus. — L'appartement de ma grand'mère à Paris. — Mes promenades avec ma mère. — La coiffure à la chinoise. — Ma sœur. — Premier chagrin violent. — La poupée noire. — Maladie et vision dans le délire. 1

CHAPITRE DEUXIÈME.

Rose et Julie. — Diplomatie maternelle de ma grand'-mère. — Je retrouve mon *chez nous*. — L'intérieur de mon grand-oncle. — *Voir c'est avoir*. — Les dîners fins de mon grand-oncle; ses tabatières. — Madame de la Marlière. — Madame de Pardaillan. — Madame de Béranger et sa perruque. — Madame de Ferrières et ses beaux bras. — Madame de Maleteste et son chien. — Les abbés. — Premiers symptômes d'un penchant à l'observation. — Les cinq générations de la rue de Grammont. — Le bal d'enfants. — La fausse grâce. — Les talons rouges littéraires de nos jours. 21

CHAPITRE TROISIÈME.

Idée d'une loi morale réglementaire des affections. — Retour à Nohant. — La Brande. — Bivouac dans une patache. — La maison de refuge. — Année de bonheur. — Apogée de la puissance impériale. — Commencements de trahison. — Propos et calomnies des salons. — Première communion de mon frère. — Notre vieux curé; sa gouvernante; ses sermons. — Son voleur; sa jument; sa mort. — Les méfaits de l'enfance. — Le faux Deschartres. — La dévotion de ma mère. — J'apprends le français et le latin. . 63

CHAPITRE QUATRIÈME.

Tyrannie et faiblesse de Deschartres. — Le menuet de Fischer. — Le livre magique. — Nous évoquons le diable. — Le chercheur de tendresse. — Les premières amours de mon frère. — Pauline. — M. Gogault et M. Lubin. — Les talents *d'agrément*. — Le maréchal Maison. — L'appartement de la rue Thiroux. — Grande tristesse à sept ans en prévision du mariage. — Départ de l'armée pour la campagne de Russie. — Nohant. — Ursule et ses sœurs. — Effet du jeu sur moi. — Mes vieux amis. — Système de guerre du czar Alexandre. — Moscou. 113

CHAPITRE CINQUIÈME.

L'armée et l'empereur perdus pendant quinze jours. — Vision. — Un mot de l'empereur sur mon père. — Les prisonniers allemands. — Les Tyroliennes. — Séparation d'avec Ursule. — Le tutoiement. — Le grand lit jaune. — La tombe de mon père. — Les jolis mots de M. de Talleyrand. — La politique des vieilles comtesses. — Un enfant patriote. — Autre vision. — Madame de Béranger et ma mère. — Les soldats affamés en Sologne. — L'aubergiste *jacobin*. — Maladie de ma grand'mère. — Madame de Béranger dévaste notre jardin. — Le corset. — *Lorette* de Béranger. — Entrée des alliés à Paris. — Opinion de ma grand'mère sur les Bourbons. — Le boulet de canon. — Les belles dames et les Cosaques. 156

CHAPITRE SIXIÈME.

La lutte domestique s'envenime. — Je commence à connaître le chagrin. — Discussion avec ma mère. — Mes prières, ses promesses, son départ. — Première nuit d'insomnie et de désespoir. — La chambre déserte. — Première déception. — Liset. — Projet romanesque. — Mon trésor. — Accident arrivé à ma grand'mère. — Je renonce à mon projet. — Réflexions sur les rapports qu'on doit avoir avec les domestiques pour arriver aux mœurs de l'égalité. — Ma grand'mère me néglige forcément. — Leçons de Deschartres. — La botanique. — Mon dédain pour ce qu'on m'enseigne. 183

CHAPITRE SEPTIÈME.

Mes rapports avec mon frère. — Les ressemblances et les incompatibilités de nos caractères. — Violences de ma bonne. — Tendances morales que développe en moi cette tyrannie. — Ma grand-mère devient royaliste sans l'être. — Le portrait de l'empereur Alexandre. — Retour de l'île d'Elbe. — Nouvelles visions. — Ma mère revient à Nohant. — Je pardonne à ma bonne. — Le passage de l'armée de la Loire. — La cocarde du général Subervie. — Le général Colbert.

— Comme quoi Nohant faillit être le foyer et le théâtre d'une Vendée *patriotique.* — Le licenciement. — Le colonel Sourd. — Les *brigands de la Loire.* — Les pêches de Deschartres. — Le régiment de mon père. — Visite de notre cousin. — Dévotion de madame de la Marlière. — Départ de ma mère. — Départ de mon frère. — Solitude. 219

FIN DE LA TABLE.